JN205771

死とエロスの旅　目次

死とエロスの旅

壇蜜

集英社

はじめに

NHKエンタープライズ　エグゼクティブプロデューサー
河瀬大作

壇蜜さんとはじめて会ったのは、二〇一四年の春のことでした。企画の相談がしたいと事務所を訪ねました。打ち合わせの部屋に通されると、そのドアの脇に置かれた椅子に壇蜜さんがポツンと座っていました。彼女は、シンプルな紺色のワンピースを着ていました。

しばらくすると彼女はこう切り出しました。

「私は、人は死とどう向き合うべきなのか、興味があります」

当時、壇蜜さんは、まさに時代の寵児でした。古風な容姿で、大胆に肢体を晒し、その発言も刺激的、何もかもがセンセーショナルでした。しかし目の前の壇蜜さんは、そんなパブリックイメージからはほど遠く、思慮深く、落ち着いた口調で、いろんな話をしてくれました。

青森のいたこから、ゾロアスター教の弔いまで、彼女の話はつきることがありませんでした。打ち合わせは一時間ほど続きました。

それから壇蜜さんとともに、足かけ六年。ネパール、メキシコ、タイ、三つの国を訪れ、さまざまな宗教や風習の中で生きる人びとを見つめてきました。そして今のニッポンではなかなか出会うことが難しい「むきだしの生と死」にカメラをむけ、制作されたのが、NHK BSプレミアムの特集番組『壇蜜　死とエロスの旅』です。これまでに三本が放送されています。

二十一世紀のニッポンは、何もかもが整然と進み、一見、スマートな社会であるかのように見えます。しかし閉塞感が広がり、若者たちの自殺は後を絶ちません。多くの人が、自分の人生をどう生きて、どう終わらせたらいいのか、そのヒントを探しているように見えます。

一方で、壇蜜さんと訪ねた国はどこも、ニッポンほど豊かではありません。しかし雑多なモノがひしめき合い、生きるエネルギーがぶつかり合う、カオスのような社会の中で、熱心に神に祈り、不思議な力の存在を信じ、人びとは力強く生きています。

壇蜜さんとともに辿ってきた旅の記録。いわゆる絶景スポットも、ご当地グルメもほとんど出てきません。そこにあるのは、ごりっとした手触りの「むきだしの生と死」。それは今を生きる私たちに、大切な〝何か〟を投げかけてくれます。

死もエロスも日常の中でタブー視されるが、そういうものに私は惹かれる、と語る壇蜜さん、その眼差しの先には、二十一世紀のニッポン、そこを生きていく上で、大切なヒントがたくさん詰まっている、僕はそう思っています。

第1章

ネパール

ネパール連邦民主共和国

संघीय लोकतान्त्रिक गणतन्त्र नेपाल

祝福と哀悼が一緒になり、ひとつの風景になっている。
亡くなった人が無事に神の国へ行けますようにということと、
世界が平和になってほしいということが、
イコールに並べられて考えられている。
それは人が祈ること、願うことがとても日常的だから――。

ネパール連邦民主共和国

面積　14.7万平方キロメートル（北海道の約1.8倍）

人口　2,930万人（2017年、世界銀行）
人口増加率　1.1%（2017年、世界銀行）

首都　カトマンズ

民族　パルバテ・ヒンドゥー、マガル、タルー、
タマン、ネワールなど

言語　ネパール語

宗教　ヒンドゥー教（81.3%）、仏教（9.0%）、
イスラム教（4.4%）他

通貨　ネパール・ルピー
1ドル=約104.26ルピー（2017/2018年度
平均値、ネパール中央銀行）

識字率　65.9%（2011年、国勢調査）

政体　連邦民主共和制

在留邦人数　1,147人（2017年10月1日現在、
海外在留邦人数調査統計）

ネパール

संघीय लोकतान्त्रिक गणतन्त्र नेपाल

▲血と殺戮を好む戦いの神・カーリー女神。多くの信者が女神に触れるため、もはや像の原形をとどめていない。

◀カトマンズから約20キロ南にあるダクシンカーリー寺院。全貌はわかりづらいが、それほど大きくはない。多くの信者が列をなし、カーリー女神へ生け贄を捧げる。捧げられた生け贄は、その後、調理され参拝者が食べる風景があちこちで見受けられた。

ヒンドゥーの神々

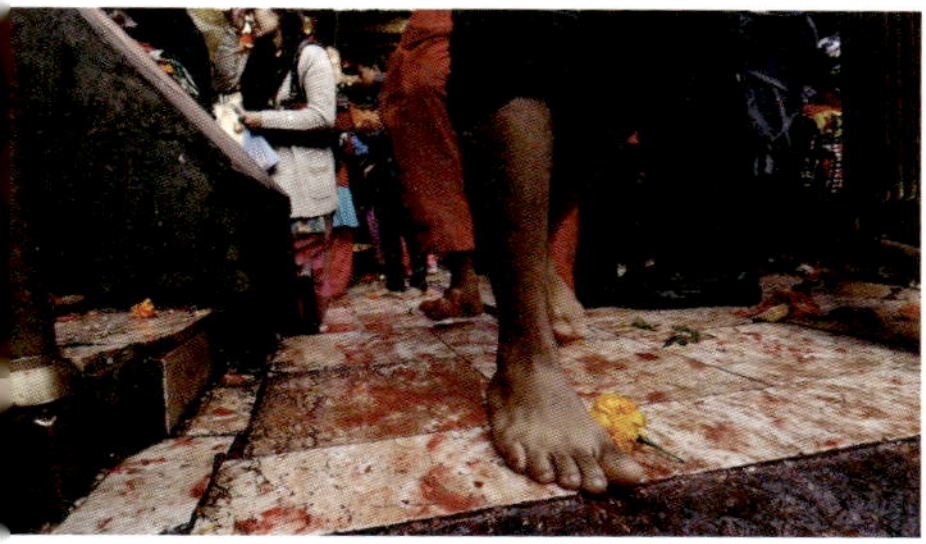

▲人々は血に染まる床を裸足のまま歩きまわる。血が新鮮で、寒い時期だったため、強烈な血なまぐささは感じられない。

▲寺院の境内には、手際よく生け贄の鶏や山羊の首を切る係の人がいて、生け贄の血はカーリー女神へと捧げられる。

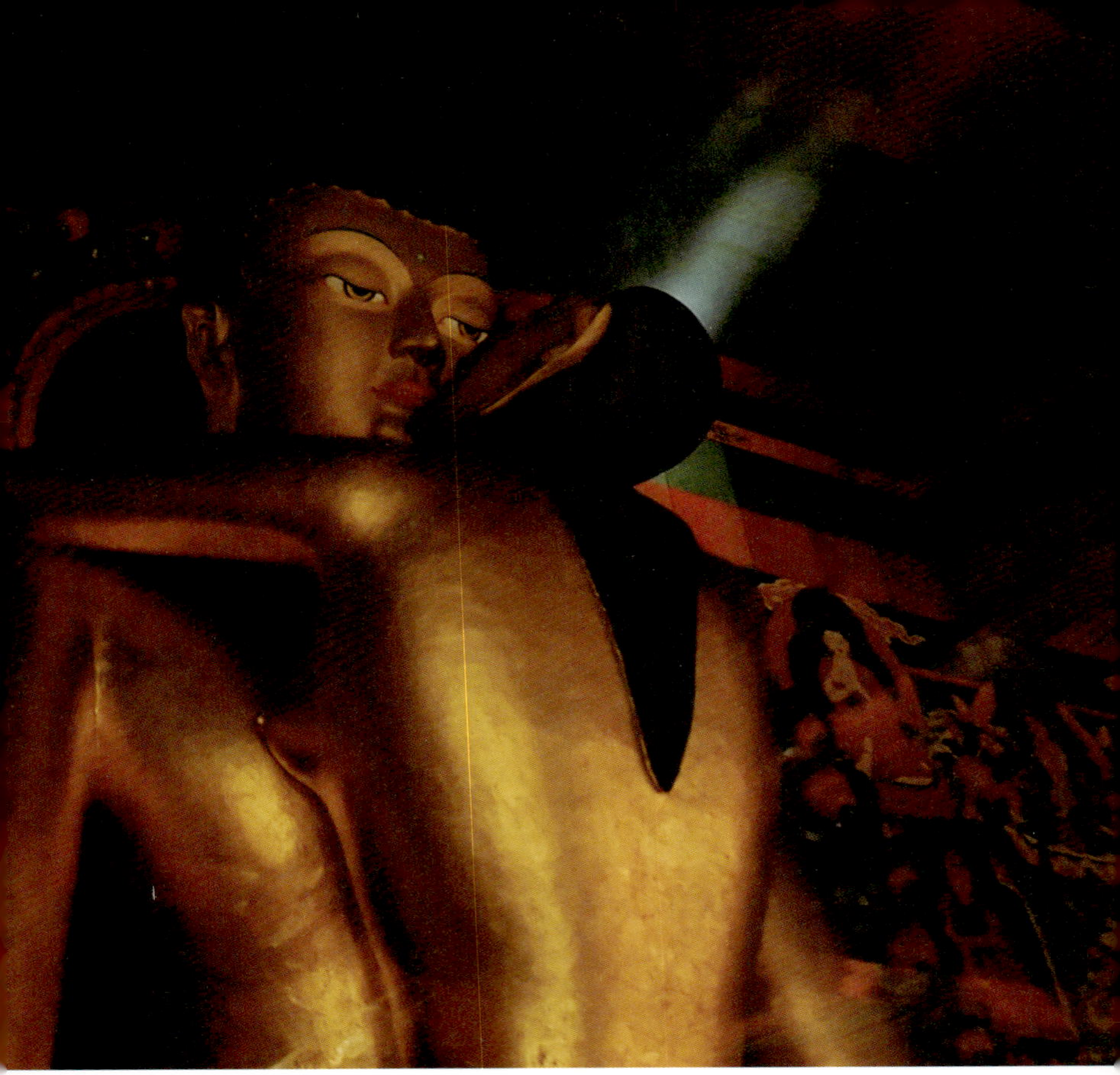

▶カトマンズの北にあるチベット仏教の寺には、独特な極彩色の世界が広がっている。

▶寺のご本尊である男女の仏が交わる世界最大級の仏像・ヤブユム。女の仏が「智慧」で男の仏が「慈悲」を表すとされる。このふたつの結びつきこそが悟りであることをヤブユムは表し、その喜びは永遠だという。

死とエロスの旅

歓喜仏・ヤブユム

▼話を聞いたシェルパ・リンポチェ僧侶。リンポチェとは輪廻転生の高僧とされる存在で多くの人々に尊敬されている。

▲クマリは1日に一度だけ、ほんの一瞬、この小窓から顔を出す。この時は禁じられ、クマリの撮影はかなわなかった。

▼艶のある焦げ茶色の建物の中にある吹き抜けのような場所。クマリをひと目見るだけで願いがかなうとも言われ、多くの人々が集まっていた。

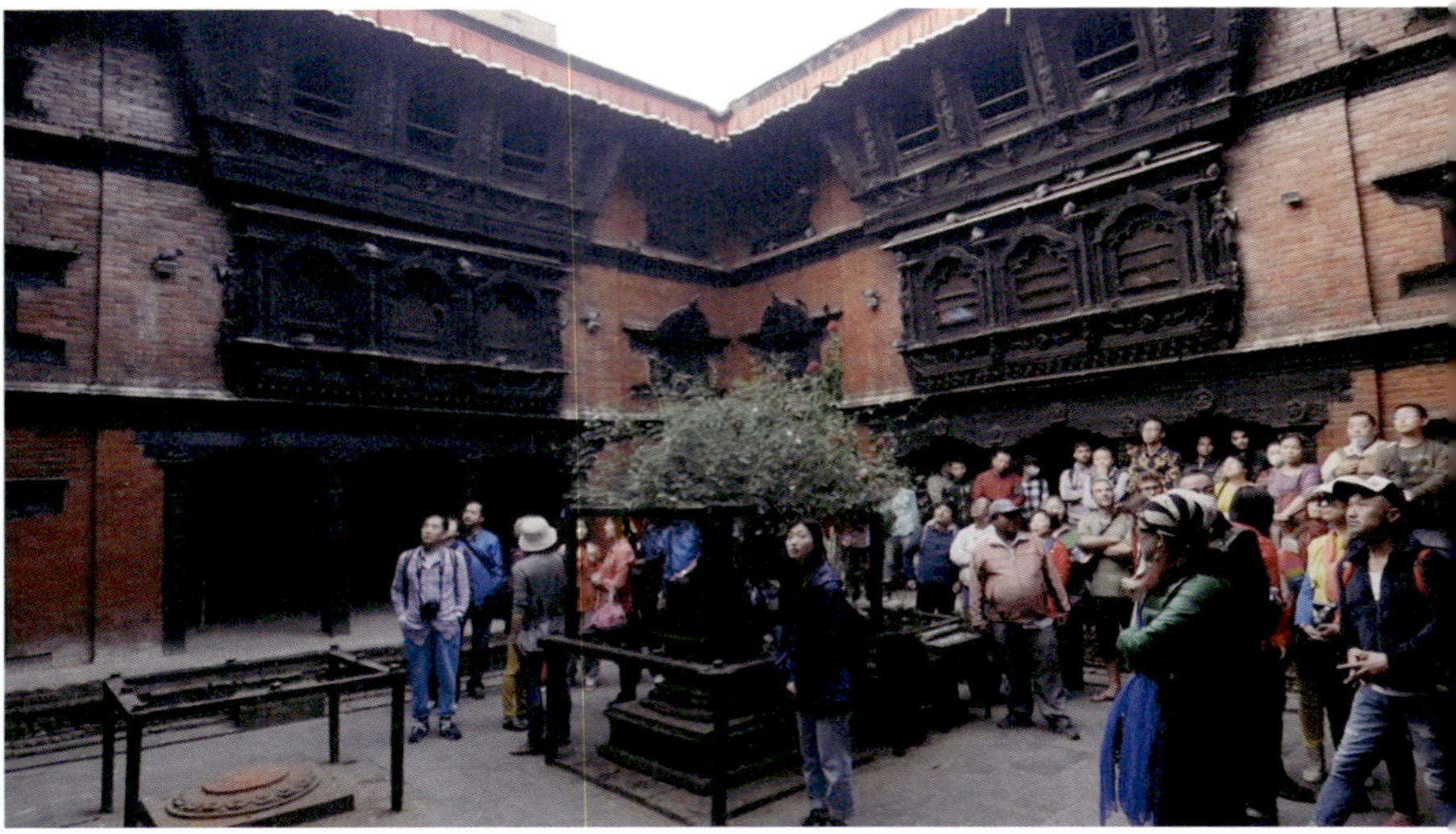

運命とともに生きる

▲年に一度の大祭・インドラジャトラの日には、館を出たクマリが人々の前に姿を現す。それ以外は初潮を迎えるまで館を出ることはない運命だ。

▼カトマンズ王国のかつての王宮。旧王宮広場（ダルバールスクエア）は世界遺産に登録されている。クマリが住むのはその一角にある館。

▲カトマンズにあるネパール最大のヒンドゥー教寺院・パシュパティナート。人々から最高の聖地として崇められ、多くの信者が集まる。世界文化遺産にも登録されている。

死とエロスの旅

終わりの風景

◀境内のバグマティ川沿いのガート（火葬場）には、火葬の炎と煙が365日24時間、途絶えることがない。火葬される様子は対岸から誰でも見ることができる。火を放つと、ご遺体は2時間ほどで燃え尽きてしまう。

▲年に一度行われるバラチャトゥルダシでは、一晩中、故人を思い灯明を灯し続ける。午前3時の祭りのクライマックスには、一晩灯された灯明が一斉にバグマティ川に流される。

▲遺灰が流されるバグマティ川は、ヒマラヤを水源とし、聖なるガンジス川へと流れ込む。この川に遺灰を流せば、すべての罪が清められ天国へ行けると人々は信じている。

◀「死を待つ者の家」で亡くなると、別れの儀式がすぐに行われる。バグマティ川へ続く階段には、お清めのために白い布でくるまれたご遺体が置かれ、火葬台へと送られるのを待つ風景があった。

死とエロスの旅

死までの時間

▼花で飾られたご遺体の足元に、バグマティ川の聖なる水を注ぎ清める遺族。その後、火葬台へと送られていく。

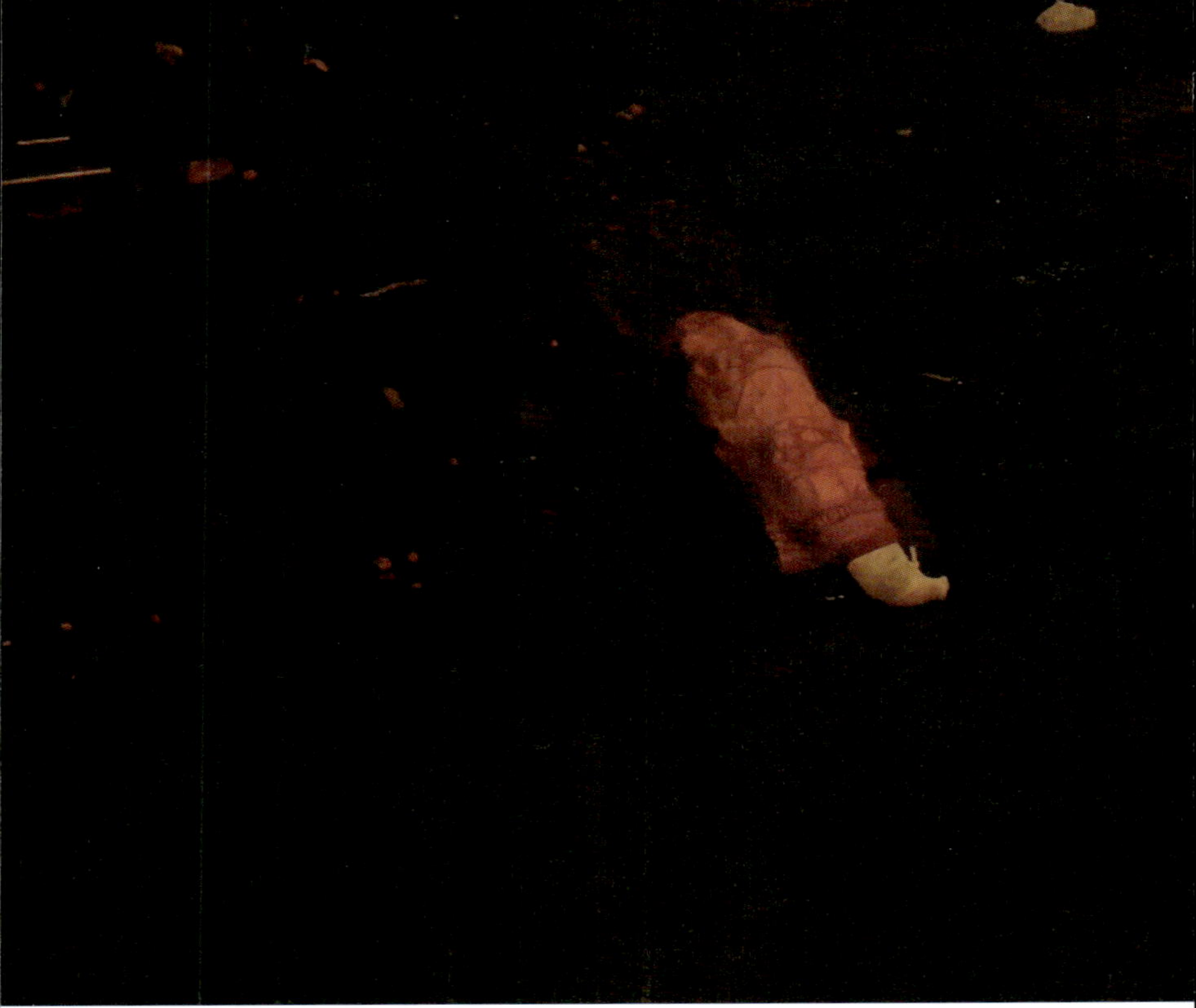

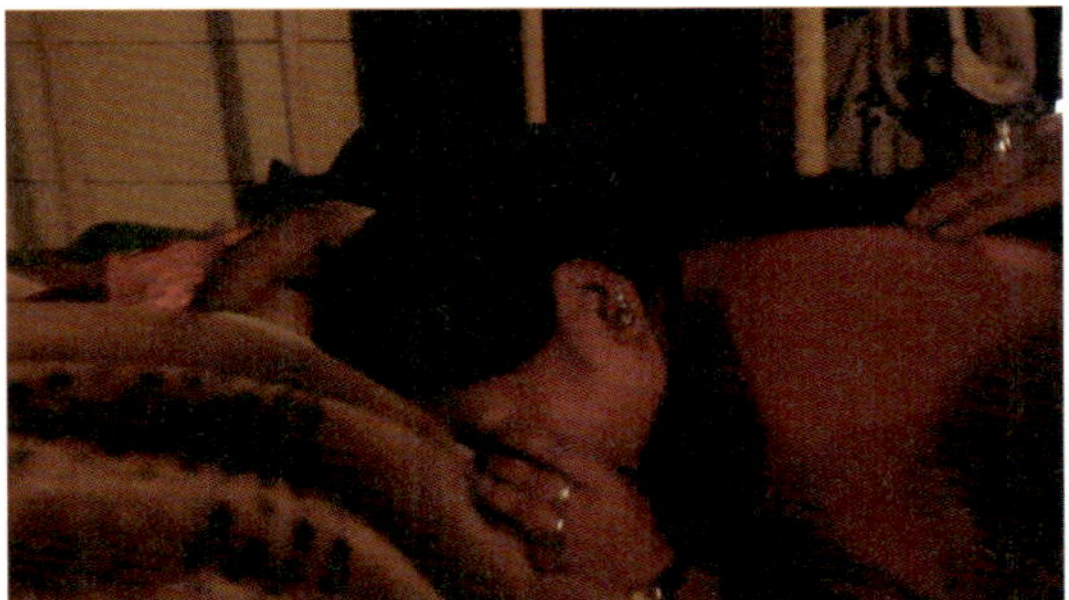

▶「死を待つ者の家」で取材中に亡くなった高齢女性。傍らには死を悼む遺族の姿があった。

1 ヒンドゥーの神々 〜生活とともにある信仰〜

はじめてのネパールへ

二〇一四年十一月。羽田を夜中に出て早朝にバンコク、昼間にカトマンズとトランジットしつつ向かった。早朝のバンコクの空港でカトマンズ行きの飛行機をホテルで四時間ほど待つ間、時間を持て余し寝る前に少しだけとテレビのスイッチを入れる。すると愛猫と同じ種類の子が『アニマルプラネット』で映し出され、思わず「帰りたーい」とホームシックになりかけた。この仕事が決まった時、まず考えたのが留守宅の猫の面倒をどうするか問題だった。結局は祖母と叔母とペットシッターさんにお任せすることが決まり「これで安心して十一日間行けるな」と思えたのだ。それなのにカトマンズ到着前に猫の映像。これは危ないとすぐにスイッチをオフにした。

私にとってネパールは、日本からの所要時間もわからない地球儀や世界地図で見るレベルの国だった。ただ漫画『少年アシベ』のスガオ君がお父さんの転勤で行ってしまうところというイメージがあり、遠いだろうなとは感じていた。あとはイエティがいるらしいとか、日本とは違う濃度の高い仏教の国とか完全にチベットと勘違いしていた。旅支度として着るものも、何も言われなければスキーに行くような服を準備したかもしれない。あまりにも漠然としすぎていてネパールに行くよと言われてもピンとこないのが正直なところだった。

実際に行ってみると、第一印象は茶色、飛行機から見た景色が茶色いなと思ったのを覚えている。カトマンズの空港で最初にトイレに入った時、なぜかトイレの横にホースがあった。一応手に取る。これがはじめて見たホース型洗浄便座だったのだが使い方がわからず、とりあえずそっとホースは戻しておいた。便壺から出てくる噴水タイプのものは日本製品だけなのだとあらためて知ることになり、多分このトイレ事情あたりで日本が恋しくなる人はいるのだろうと思った。

不便さは仕方ないと最初は思ったのだが、それが意外と意図した場所に当たるのはこういうことかという発見があった。自分の中でホース型洗浄便座ブレイクが起こり、これ、逆に使えるんじゃないと。トイレで狙いを定めるという所作を人生でこれほどやったことがあっただろうか。空港の洗浄便座、今でも使っておくべきだったと思う。街のファストフード店にあっただけで、自分たちが泊まったホテルにもホース型洗浄便座は残念ながらなかったのだ。それだけネパールではその機能がラグジュアリーなものなのだろう。

旅の入口からトイレ話になってしまったが、トイレはその国の文化の象徴でもある。どこを他に頼っているか、どこを自分たちで頑張っているかというのがよくわかる。ネパールでは個人のお宅訪問や建物訪問が多かったので、トイレ格差みたいなものも見てとれた。くんだお水で何とかしてくれタイプとか、そもそも穴しかないタイプとか、全貌が暗くて見えないので携帯の明かりだけが頼りバージョンもあった。取材をしたダンス教室では穴タイプの暗闇だったので、スタッフに上からライトで照らしてもらい、その下で用を足すという稀有なシチュエーションも体験した。

旅を続けているうちに、最終的にはトイレやお風呂の概念があるだけでありがたくなる。そこに自分の気持ちが補正されていくのが面白かった。どんどん自分の中で順応させていこうと補正されていく、そうさせる何かがあるのだろう。

カトマンズの喧騒とざっくりした線引き

七千メートル級の山々が連なる世界の屋根ヒマラヤ山脈。その麓にネパールの首都・カトマンズはある。北のチベット、南のインドをつなぐ交易の中継地として栄えてきた。カトマンズの最初の印象、それは混沌としたものだった。

街を歩いていると、道行く人たちの顔つきや言葉などから、すべてが日本とはかけ離れたところに存在するとても遠い国なのだと実感する。昼間は晴れて暖かいが朝夕は温度差が十一度前後あり結構寒い。昼間は日差しが暑いので冷たいもの、夜は冷えるので温かいものを飲んで過ごした。

食料品、衣類、貴金属……店は狭いが全体数は把握しきれないぐらいに多い。現地の通訳ですら道に迷うという複雑さ。ここで迷子になったらと考えると「遭難」という文字が浮かぶくらい不安になるだろう。カトマンズは三秒に一回クラクションを聞くほど交通ルールがやんちゃでラフ。よく怪我人が出ないねとガイドに言ったら「出てはいる」とのこと。

食文化や宗教観もそうだが、すべてにおいて線引きがざっくりしている。道路でも倒れたものをそのままにしていても誰も気にしない。信号もあるが点いていないので最初は道を渡るのにも苦労した。信号が正義でない体験は日本ではなかなかできない。充塡、補充、修理という概念、意識からやや遠い。修理業者という概念をまず作ってもらいたい。

ネパール語がわからなかったというのもあるが、街中で肩が当たっても謝られることはなかった。人にぶつかることは当たり前。どうしてそれが当たり前なのかは多分説明ができないのだろうが、日本は謝罪文化だというのはよくわかった。ネパールは国全体がおおらかなのだ。「よい」は「ラムロ（Raamro）」というが、「よい」のほかにも「かわいい」などなんでも「ラムロ」だった。今の日本で言う「やばい」と同じ感覚だろうか。

長年王制が続いていた国のため、旧王宮や寺などの建物が目立つ。日本のようにコンビニやビル街などは見当たらない。旧王宮広場にATMが埋め込まれている場所もあった。混ざることに対して寛容なのだ。ここでも線引きがざっくりしている。このような感覚が滅びなければいいなと切に思った。

断定できるものが少ないのも印象的だった。市場で、これは何の粉か、これは何の身か、これは何の肉かというものがたくさんあった。お茶ひとつとっても、何で割ったのか？　と思う色をしていた。メキシコであれば「リンゴですね」「ブドウですね」「ライムですね」とわかるのだが、ネパールで自分が認識できたのは、「バナナですね」ぐらいだ。

断定できるものが少ないのは多様性を認めていることなのだろう。ヒンドゥー教徒が多数を占めている国とはいえど、さまざまな宗教や文化が入り交じり、いろんな食べ物に対する向き合い方も認めている。お米も炊くのもあれば、ドライのまま挽いてせんべいみたいにして食べたり、おかゆ状にして食べる人もいた。食文化はとても細かくさまざまな人に対応している。服の値段も、お金持ちにも貧しい人にも合わせた設定があった。カトマンズの市場はいろんな階層の方向を向いていた。

ネパール最大の謎は「巣」

雑多な店がひしめく風景は、どこか懐かしい。商店街でも働いている人は少ない。みんな長椅子に座るということが仕事なのだろうか。バリバリ働いているのは夜明けに屋台を引いて頑張るミルクティー屋のおかみさんたちぐらいだろうか。それ以外は何となくパンを焼いたり、何となく魚を並べたりしている。何にもしていない人を探す方が簡単だ。建物と建物の間、鰻の寝床のようなところにおじさんばかり十人程が集まっている。そこを私は「巣」と呼んでいた。バスで移動していると数メートルに一回は「巣」を見る。特に昼から夕方にかけて賑わっていて、きっと「巣」にいることが彼らの日課なのだろう。

ネパールの謎のひとつは巣で何をしているかだった。業務内容がまったくわからない。ガイドに聞いても「わからないけど、こういう巣はよくある」と。みうらじゅんさんあたりならこの場をビジネスにしてしまうか、その中のひとりになってしまうかのどちらかだろう。カトマンズはアップダウンが激しい。車で登り、あちこち個人のお宅にお邪魔してインタビューしたのだが「巣」はどこにでもあり、五十、六十代の男性ばかりがいて、もしうちの父があそこにいたらどうしようとふと頭をよぎる。「巣」内では会話はあまりない。寡黙なのにみんな集まりニヤニヤしながら日がな一日過ごしているのだ。「巣」があるということは、何にもすることがなくてもただ集まるという行為ができる、居場所があるということでもある。理由は要らない。日本ではそれは難しい。「巣」で日がな一日過ごす人々やそれを許容するおおらかな人々を見ていると、すべてに理由が必要な日本が少し堅苦しい。日本でも積極的に「巣」をつくってみたらどうだろうか。

「巣」の隣ではお母さんが洗濯に励む。かようにこの国の男性はかなり頼りなく見える。出会った中で商売っ気があるのはガイドをしてくれた男性くらいだ。

この国の人々の生活は基本の「基」のような暮らしだ。ただそれを不思議と後れているとは思えなかった。日本にはいろんなジャンルの学ぶべきことがどんどん入ってきて、私たちも器用にそれができてしまったから今の自分や日本になっているだけなのだろう。家電を見ていても種類がない。テレビはテレビ、掃除機は掃除機でそれ以上でもそれ以下でもない。みんなが同じものを着ていても、同じものを持っていても嫌だと思わない。ないから逆に思わないのかもしれないが、それはそれで幸せなのだろう。それでいいと思えるのは才能だ。

どんな姿の神様も祝福される

素朴に、そして力強く生きるカトマンズの人々。その支えとなっているのは、この街にあまた住む神への信仰だ。商売っ気盛んな路地にも神は祀られ、人々が朝夕と祈る。商店街の裏路地に入り、小さなトンネルを抜けると住宅街に入る。またトンネルを抜ければ違う住宅街。背の高い建て増しアパートに囲まれ吹き抜けのような空間にも神が祀られている。所々で見かける鳩も犬も人と寄り添って生きていた。

ネパールの神の中でも印象深いのが街中で出会った歯の神様だ。歯痛が治まるのを祈り人々がコインを打ちつけるから、すっかりコインに埋もれ恋人岬（南京錠だらけらしい）の様相を呈している。重くなり、そのうち倒れるのではないかと心配になった。それより歯医者に行こうよと言いたくなるが、ネパールでは美容院と同じレベルのカジュアルな歯医者が多いとも聞いた。祈りたくなる気持ちもわかる。歯の神様の近くには歯医者がいるところもあり、神様に祈ってもダメなら医者へということらしい。歯医者たちも歯の神様は信じているという。

この国ではどんな神様でも、どんな姿であっても祝福されている。歯の神様は姿が見えないほどコインが打ち込まれているし、花や香料でベタベタになっている神様もあったが、それでも祝福されているのがわかった。そしてすべての神様にいたずら書きなど決して許さない重厚なオーラ、雰囲気がある。

街中にちょこんと置いてある突起物のような石でさえヒンドゥー教の神様なのだ。花と塗料とお供え物と、何かをかけた形跡があり、それ以上の異物を許さないという歴史ができていた。あまりにも街と人々の雰囲気になじんでいて、誰もいたずらしたり、ちょっかいを出そうとしたりしない。飾られて、祀られて、感謝されるというの

▲道端の小さな突起物にしか見えない石も神様。通学・通勤途中の人々が手で触れ祈るのは日常的な風景となっている。

▼歯の痛みを治してくれると信じられている歯の神様。コインを打ちつけられて神様は埋もれてしまっている。

が、神様としても日常の一部で当たり前なんですよ、という姿で立っている。神様にいたずらをしようとか、そんな気持ちが起こる人は自分の信じているものが揺らいでいたり、不安だったり、敵視するものがないと正気を保てないのではと思う。ネパールの人々は、正気を保つものが日々確立されている。日々よりどころがあるというのはそういうことなのだ。よりどころがない人間は弱い。

みんなが神様を好きで愛していて、日々生活すべてに感謝しているというのが感じられて、自分は神様や日々の生活をこんなに大事にできるだろうかと自問自答する。ネパールの人々のように素直に大事にできるようになりたいと思った。

ネパールの人々は、昔から知られている神様が自分たちの身近にいるという気持ちが強いので、代々祈り続けているのだろう。日本であれば何かを信じているとか、信仰を持っているというと少し胡散臭く捉えがちな風潮が否めない。日本はとかく神様の周辺でお金が動きすぎるのだ。お布施やお賽銭、参拝料など神様とお金の関係がクリアに見えてしまうのがそう感じさせる原因だろうか。厄払いもする神社では若い神主さんだと五千円で、その師匠だと一万円だった。五千円持ってこいと言われて安いなと思ったら、カリスマ師匠は引退していて、私より若い女性の神主さんが出てきたことがある。まるで美容室のアシスタントコースだ。

祈ること自体が幸せと同化する

ネパールでは神様をキャラにして絵も描いてグッズ展開もして、しかも売る。神を詳しく描けるのは生活に密着しているからにほかならないが、インスタ大好きママのキャラ弁ぐらいの熱量で、人々は神の細部までイメージできるのだ。神に肖像権がないのは儲けたい気持ちとリンクするのかもしれない。しかも「神は私たちのおかげで広まるでしょ？」と神グッズを作り、販売している人が一番合理主義的だ。

ポスター屋の店主が神様のポスターを旅先に持っていくようにすすめてきたので、店のどこかに〝グル（尊師）〟がいないかとつい探してしまった。まるでアイドルのブロマイド感覚で神様のポスターを捉えるネパールの人たち。高校生に話を聞くと〝神様推し〟まであるという。人気があるのはシヴァ神。神様アイドルグループがデビューとなれば、シヴァがセンターだろう。ただ〝シヴァ推し〟と言っていた高校生によくよく話を聞くと仏教徒だったというゆるい感じが面白かった。彼らにとって神様ポスターは旅先まで持っていく常備薬感覚なのだ。

店内にはセクシー系の女性や赤ちゃんのポスター、ヒーロー系や版権大丈夫ですか系のポスターと神様のポスターが一緒に並んでいる。この国の人たちの中ではみんな飾りたいものなのだ。赤ちゃん好き、ヒーロー好き、セクシーなお姉さん好き、芸能人好き、神様好きと、その温度は一緒だ。ただ神様が好きというそこはそれ以上でもそれ以下でもない。いつも見ていてねレベルなのだ。私たちも見ているから、神様も見ていてねと。素直というか、邪心がない。ポスターにそれ以上のありがたさを求めていないのがいい。ありがたさとかご利益は、祈っているからもらっているし、みたいな感覚なのだろう。祈っているし、日々幸せだし。日々こうやって祈って生きているのだから、もっと幸せになりたいという思いはあまり感じられなかった。生活、祈り、仕事、家族と過ごす、そしてまた戻って、生活、祈り、仕事、家族と過ごす、ただこれだけでいいのだ。

神への祈りは特別なことではなく日々のサイクルに組み込まれている。祈りと生活との密着度が日本とは大きく違う。出勤中でも通学途中でも、みんな足を止めて祈る。祈りに割いている時間は、それを加味して生活のサイクルとしているのだろう。家族の健康が一番の幸せなのかと問いかけると、神にできる限りのお供えをして祈ること自体が幸せと同化しているとのこと。幸せと神の存在はとても近い。

この国では財布にお札を入れたり霊験あらたかなお守りを持つような、何かのため

▲ポスター屋には神様と赤ちゃん、セクシー系のお姉さん、芸能人などのポスターが違和感なく一緒に売られている。

▼街のあちこちに神様が祀られ、人々が祈る。花や供物は絶えることなく、神様への敬意とともに親しみが感じられる。

に神様を役立てようとは考えないのだろう。もちろん、好きな神様だから財布に入れてみた程度のことはあるだろうが、日本のように本当にお金がほしいからこの神様やお札を入れるということはない。欲がないネパールの世界ではDr.コパは苦戦すると思った。

血を望むカーリー女神

車で南へと向かい血に飢えた伝説のカーリー女神のいるダクシンカーリー寺院へ。血と殺戮を好む戦いの神であるカーリー女神。右手には剣を左手には生首を持ち、舌を出すその姿はかなり怖いが、人々は人間の欲望や苦難をこの神に託す。世の中の都合の悪いことをすべて神様に託して、性をいいことだとか、神様が選んだから子どもが夭折したなど、ありがたいものに転化していると何とかなる。ネパールではそれを強く感じた。死は人間ではどうにもならないことだから、神の力のせいにしないと理解できない、やっていられないのかもしれない。

ダクシンカーリー寺院ではカーリー女神に生け贄を捧げる儀式が行われる。日本や他の国でも、女性には月のものがあり、その間は隔離されたという長年の歴史がある。

血が流れることで神の怒りを買うという解釈から血から穢れを想起する傾向が強い。だがここでは血と怒りはまったく結びついていない。むしろ血を与えることで神が落ち着くのであればという気持ちで血を捧げているように思える。自分の中でも血はテレビのバラエティ的にＮＧだと思っていたので、果たして旅番組で血を映していいものかと心配していた。だが実際に訪れてみるとネパールの人々には、自分たちがやりたくてやっているわけではなく血を望む神がいるからこそ捧げているんだという誇りのようなものがあった。ちゃんと生け贄を売る人がいて、ちゃんとそれを買い、生き物の首をちょんと切って神に血を浴びせるという係の人がいて、人々は祈る。病気や健康について願う人が多く、ネガティブなことに関して何とかしてほしい、滞りなく健やかに日常が過ごせるようにお願いしますよという人々がほとんどで、誰も出世をなどとは言わないらしい。

寺院の全容はわかりづらいが、それほど大きくはなく、すり鉢状になっていて底にいくほど人が集まっていた。ここは人々にとって生け贄の血を捧げる寺院ではなく、山羊や鶏料理が食べられる寺院といった認識のようだ。現地のガイドでさえ、お参りもかねて鶏をしめ、そのあとに食事ができる場所と信じているという。遠方のため生け贄を持って来られない人のために山羊や鶏が売っているのも、お肉のパックがスーパーにありそれを買うのと同じ感覚だ。人々は生き物がしめられるところから見るが、ネパールではこれが日常なのだ。日本人が自分ではやらないことを彼らは家でもやっている。それを見ているか見ていないかだけの違いだ。この国では命の棲み分けができている。食べる前の儀式のひとつ、血を好む女神に捧げたら後は食べてもいい。気持ちの整理が早いのには感心した。「生け贄の首はねたじゃん、死んでるじゃん、食べていいじゃん」という若干ラッパー気質がある。

現地ではもっとグロテスクなものも撮影していたが、このくらいに抑えて放送したというスタッフの話も聞いた。そういったことも含め都会では伏せられていることが日本の社会を形作っているのかもしれない。ネパールの人からすればファストフードやコンビニの肉や加工商品は「どのようにできているのか」と不思議だろう。はじめてのファストフードで芋が行儀よくスティック状になっているのが信じられなかったのを思い出す。それまで見ていた芋と違った。食べ物すら行儀よくなりすぎて、きれいなリンゴ、真っ赤なサクランボとかじゃないといいものだと言えなくなっている。

寺院では、みんな楽しそうで、生け贄を持ちながら後で食するうれしさが言葉はわからないなりに伝わってきた。これは生活の一部の儀式として取り入れられているのだ。宗教的に肉がダメな人、そのもの自体を食べてはいけない人のための花、ジュースを血の代わりに捧げるコーナーなどすべての信仰に対応していた。カジュアルに山羊さんコース、豚さんコース、肉がダメな人コースなどもあるのには驚いた。カメラスタッフは私が次の場所に移動した後も残ったのだが、しめた鶏や山羊で唐揚げパーティがはじまり、しかも強いお酒も出て、花見の宴会のような様相を呈したと聞く。そして、しめたての肉は美味しいそうだ。

経験はしていないが、「多分、日本も昔はこんな感じだったんだろうな」とダクシンカーリー寺院での儀式を受け入れることができた。ネパールの人々が無頓着すぎて、ツッコミどころが多すぎたのも受容できた理由のひとつだろう。あの血の海の中を裸足で歩く姿を目の当たりにすれば、気にしている方がおかしいと思えるものだ。床は生け贄の血だらけだが、渓谷にあり寒い時期だったことと、血が新鮮なこともあり強烈な血なまぐささはなかった。だが、さすがに履いていた血に染まったスニーカーはカトマンズのホテルに捨ててきた。

2　歓喜仏・ヤブユム

〜性愛を超えた悟り〜

ヤブユムの持つ意味

カトマンズの北にはいくつものチベット仏教の寺が点在する。男女の仏が交わる世界最大級の仏像・ヤブユムがご本尊として祀られる寺で、シェルパ・リンポチェ僧侶にお会いした。私が訪ねた日は、法要が行われていた。寺はチベット仏教独特の極彩色の世界が広がる。このエロティックな仏像の姿は、ある悟りの境地を表しているという。

リンポチェ僧侶は、カターと呼ばれる白い布を渡してくれた。白は純粋な気持ちを意味し、相手に渡すことで自分の心からの敬意を表すものだという。彼は、ヒマラヤの寒村で生まれたが、幼いころ、ある高僧の生まれ変わりと認められたとても徳の高い僧侶だ。ヤブユムの意味を聞くと次のように答えてくれた。

『人はセックスの快感がこの世で最高のものだと考えています。だから、それを求めて右往左往する。だがそこに本当の幸せはありません。仏教では「慈悲」と「智慧」を尊びます。そのふたつの結びつきこそが悟りであることをこの仏像は表しています。そしてその喜びは永遠です』

　旅のテーマでもある死とエロスは対極だ。死の反対は生きることでもある。生きるその途中に出産があり命を生産するための儀式としてのエロスがある。ただエロスには「愛する」「労る」というような違う面もある。生産的でないエロスに対してどう考えるのか興味深かった。リンポチェ僧侶のお話では、愛を深めるエロスに対しても深い理解を自分の解釈として持っておくことが、まず大事だということだった。受容しすぎる、罪に感じるなどの極端にいくのではなく、真ん中に自分を置かないと神も否定することになるという。神がＯＫだから自分も色に耽るというのは違う。しないというのもダメ。神を信仰しながらも、自分の性との付き合い方を考えることには自由さがあった。結論としては、極端にならなければよいということだろう。

　ヤブユムは女の仏が智慧で男の仏が慈悲を表すという。セックスが究極の快楽だから、そこに至れば悟りが得られるというわけではないが、悟りを得るためにはそれもひとつの手段であり、しかしすべてではないという話を聞いた。

リンポチェ僧侶は、言い方はラフだが、今まで自分が話を聞いたどの僧侶の話より俗性を認めていた。悪く言えば適当にやってもいい、よく言えばちょうどよい部分というのを自分なりにずっと探していった方がよい、というスタンスで人間としての領域を逸脱してはいけないと諭している。もしかしたらリンポチェ僧侶は人が悟りすぎることを自然ではないと思っているのかもしれない。すべてにおいて悟っているのは神のみで、人は迷いの中で生かされ信仰や性については悩むべきものなのではないと。性的なことを決して禁じているわけではなく、こんなことをしていいのか悪いのかという罪悪感を含めて常に心にとめて生きるということだろう。

エロティックな仏像やレリーフ

ネパールでは具象化されたエロティックな仏像やレリーフが多く見られる。独り身でいることがまだスタンダードな社会ではなく男女が出会って子をなしていく、男女が出会って愛を育んでいくことは普通であり、各々にそうしなければいけないという義務感もあるのだろう。日本人にとってはエロティックな仏像やレリーフであっても、ネパールの人がそれらを見ても、恥ずかしいとか、性を呼び覚まされていけないことをしているなどの背徳的な感覚はないだろう。ネパールの人にとっては、いわゆるエロスというもの自体が授かるものであり、育むものという感覚なのだ。またエロスが具現化されて像になったり、象徴的になったりするのが私たちにとっては珍しいが、ここではそれほど珍しいものではなく、小さいころからそういう教えでもあるのだろう。

その一方で商店のセクシーなお姉さんのポスターにとてもエロというものはない。下の尻を半分露出させてバイクの横に立つ女性のイラストがささやかにある程度だ。本売り場に行っても性的な雑誌などない。「エロは神様でお願い」と、宗教を通じてのエロはＯＫだが、映像や紙媒体のものは倫理観にもとるという認識なのだろう。エロ雑誌などを持っていると異常者扱いを受けるのではないかとさえ感じた。ただネパールのテレビドラマをちらっと見たら、妻が旦那の愛人のところへ押しかけるらしきシーンが映し出されていて、そこはどこでも一緒だと思った。

カトマンズ限定で言えば、外国人向けに女性がホステス役を務める華やかなダンスクラブやカラオケバーのような場所は数多く見かけた。ただ、あからさまに女性の性を売る産業は見ていない。ガイドに聞いてもほとんどないと言う。性を売ってお金を稼いでいくというのは、取り締まりも厳しいし、結果、捕まってしまった時の痛手の方が大きい。見返りが多かったとしてもやめておこうとダンスクラブに勤めたり、飲み屋に勤める人の方が多数派だという。カトマンズにも格差はあるが、そういう人が表に出る雰囲気はない。探せばあるのかもしれないが、少なくとも私は聞かなかった。

逆にたくさん子をなして、肝っ玉母さんとして暮らす大家族はよく見かけた。性産業の方に流れていくようなルートがあまりないのだろうか。仕事がたくさんあるわけでもないが、女性は家のことや商売で常に忙しそうにしていた。

執着を捨てることばかり考える生き方は苦しい

人間には手放せない切り離せない執着というものがまとわりついていて、それが原因で人を嫌ったり妬んだりする。だからその存在をリンポチェ僧侶は一生を通して説いていくのだと思う。人として、信仰心を持って日常を送るたしなみとしての感情を話してくれた。

恐らく彼にも僧侶としての執着はあるのかもしれない。信仰する者、その職業になる者、その職業を指導する者という立場では、それぞれ向き合い方、生き方が違うような気がする。その垣根を踏み越えないことの大切さを伝えたかったのだろう。執着を切り離せるのは僧侶になる人たちで、信仰者として生きていく人は執着を切り離すことが難しいのを知っていればよい。それが一生の課題だということがわかっているかどうかの違いは大きい。生きるための最低限の感情の始末の仕方を知り、無駄に悩んで生きないようにするために必要な言葉なのかもしれない。

ネパールと比べて日本では執着する対象が多過ぎる。ＬＩＮＥが既読なのに返事がこないことが今の中高生の悩みの多くを占めると聞く。そして、そんなさまざまな理由で人が死ぬ。いろいろな情報が邪魔して自殺が増えるというのは、やはりネパールより日本の方が多いようだ。ガイド曰くネパールで自殺は少ないという。日本では執着することが多過ぎるのにもかかわらず、身はひとつ。じゃあ死のうとなってしまう。ある意味高等民族だ。執着に執着する力がすごい。執着心は自分ではどうしようもないということを誰も教えてくれないのが日本。執着心を取り除くような暮らし方をすすめてこない我が国を見ていると、ちょっと危険だと感じてしまう。

しかし、執着を捨てることばかり考える生き方も苦しい。生まれてくる執着に付き合い、そういうものだと、どうしようもないものだと思っていないとしんどくなる。リンポチェ僧侶も性愛の執着はどうしようもないという前提で話されていたのだと思う。

私はこの日、ずっと心にひっかかっていた大切な人を亡くした経験と心の折り合いのつけ方、執着についてもリンポチェ僧侶に聞いてみた。

『人は往々にして大切な人が亡くなった時、はじめて失ったものの大きさに気づかされます。しかし、人生を楽しむためには、今を生きなければいけません。一番大切なのは、魂の自由です。例えばきれいな花を見て、その花の美しさに囚われ、他のことが見えなくなる、それは魂の自由を失っている状態で、花を見ながらも、周囲を見渡せる、それが魂が自由である状態なのです。そうなれば、本当の意味で人生を楽しむことができる。そして恐れることなく死を受け入れることができるのです。何を考えるかによって人生が決まりますから』と答えてくれた。私なりの解釈をすると、広い視野を持ち、学ぶことが大切ということ。常に目の前にあるものだけに集中して見るのではなく、じゃあ、どうしてそうなったのか、その後ろには何があるのかを学べる人間であれと。そのためには、それを学ばせてくれる先生や環境が必要だからこそ、リンポチェ僧侶は子どもたちを僧侶として迎え、学ばせているのだろう。学校に行けない子が視野を広げるには宗教や思想を持つ人たちが開く施設で学ぶのもひとつの手段だ。修行僧がみんなで経文を唱えたり、集団生活をするリンポチェ僧侶の寺は、人間として死を受け入れるための視野、見聞を広げ伝えるための準備をさせる場所なのだと感じた。

命と向き合い続けるしかない

リンポチェ僧侶とは一時間ほどお話をさせてもらった。彼らが教えていること、信じていること、どうしてこうした像があるのかなどの基本的な説明だった。逆に基本的なことでなければ私には理解できなかったと思う。結局、神がいて、教える人がいて、教えを受ける人がいるというスタイルはどこも変わらない。いかに諦めないで生きることが大切かを教えてくれた。彼の言葉からは、生きているのは楽しいことだとはあまり感じとれなかった。授かった命と向き合っていくしかないように思えた。

これは自分の生き方に似ている気がした。自分が生まれたせいでどこかにいってしまった他の二億数千万の精子に責任を感じることがある。だが、たまたまクジを引いたら当たったので私が誕生しただけのことなのだ。だから残りの二億数千万には悪いが、仕方ないと思うことがよくある。仕事のことで「あなたの代わりはいくらでもいる」と何度も叱られた。仕事があるだけ幸せじゃないかと言われても頑張れなかった。それよりも「プリンを用意してあるから終わったら食べていい」と言われた方が頑張れた。生き甲斐とか、将来に対する期待、希望などではなく、もっと近いその先を見ている自分がいる。だからリンポチェ僧侶の話も反論することなく頷けたのだろう。「カトマンズの混沌はどうでした?」という質問にも混沌としていたと答えるが、私にはその混沌がいいとも悪いとも思えず、その国のものとして捉える。混沌慣れすることも横柄かなと思い、嫌いも好きもない状態で訪れた国のことを考えるようにしている。どの国が好きとか、行きたいとかは軽々しく言ったり思ってはいけないという気持ちがあるのだ。どの国も困っていることがあり、誇れるものがあるから、評価しすぎるのも批判しすぎるのもよろしくないと。お土産を買う程度の愛着や執着しか持たないようにしている。行くことを拒絶するわけでもなく、そこにも執着はない。

物への執着は人並みにあるとは思うが、例えば服を買う基準が〝洗えるかどうか〟なのは他の人の物欲の基準とは違うかもしれない。ネパールでも毎日洗濯した。本当は洗いやすい作務衣などの制服で暮らしたい。だから常に浴衣で生活する力士に憧れる。ずっと服のセンスが悪いと言われ続けてきたので、そのセンスをアンインストールした。それなら文句はなかろうと。センスを磨こうと勉強もしなかったのは悪かったと思っているが、ダサい奴だから仕事をしていけるのかもしれないとも思う。

何でも主義や主張で固めていて、執着やこだわりがあったら生きていけない。だからいいのだ。ネパールのいいところは、おしゃれはしているがブランドとか誰が作ったとかいうのに固執していない。だから安心だ。「おしゃれは我慢」なんて言っているのは日本くらいだろう。おかげで服への興味がかなりなくなり、服の色をベージュ、白、黒、グレー、紺に絞ったことでより楽になった。ネパールでも紺とグレーの服しか着なかったがよくなじめたと思う。スタッフも編集しやすいし。

3 運命とともに生きる　～クマリ　チノ～

国を守る生き神様　クマリ

人の数より多くの神々が棲むといわれるカトマンズ。この街は女神たちの巨大な曼荼羅によって守られている。西の端には、ヒンドゥー教の女神インドラーニーが、その反対側の東には、女神ブラフマーニーが祀られる。街を取り囲むように八つの寺院が設置され、大きな剣の形を描いているのだ。

街の中心部に位置するかつての王宮でネパールの生き神様、クマリを見る。住処の窓から一瞬顔を出す彼女にどよめく下々の者を私も務めてきた。クマリの住処は世界遺産の旧王宮広場（ダルバールスクエア）の一角にある館。艶のある焦げ茶色の建物の中に吹き抜けのような場所があり、そこがクマリを見る人々のための空間となっていた。私が訪れた時には三、四十人ほどが集まっていた。

古より、幼い女の子が選ばれ国を守る女神としてこの館で暮らしている。おつきの人々にお世話をされながら、館を出ることなく初潮を迎える日まで過ごす。クマリは神聖で、地上に足さえついてはいけないという。普段は人目に触れることはない。ただ、小窓から顔を出すことがある。ひと目見るだけで願いがかなえられるとも言われ、毎日、クマリ見たさに人々が訪れるのだ。

クマリを見たのは一瞬だった。とは言え二十秒ぐらいはあっただろうか。髪を結い赤い衣装を着ていた。赤は祝福の色、国の大事な色でもある。クマリは手を振るわけでもなく、ただ上から見下ろしていた。誰かに「あれ実はＣＧだよ」と言われたら信じてしまいそうな非現実感だった。私にはクマリの無表情さが印象に残った。あれは仕事を持っている人の顔。私が仕事で会う子役たちは、学校や幼稚園などで遊びまわっている子と何か違うと思っていたが、それと似ている。洗練されたというか特別な使命を持っている顔。おつとめや自分のいる意味や国とどう向き合っていくかを教えられているから、ああいう表情になるのだろう。勉強したり、遊んだり、親に怒られたりという普通を捨てて。

私が見たのはネパール全体で崇拝されるロイヤル・クマリだが、特定の地域のみで礼拝されるローカル・クマリもいる。ロイヤル・クマリには歴代の国王も跪いたという。これはいい考えだ。国王でさえ敵わない人が象徴としてでもいなければ国民は安心できない。しかも、まだ物事を判断できないのではと思われる幼い子どもであるのも意味深だ。恐らくシンボライズしやすい象徴なのだ。クマリ自体は仏教徒。クマリを祀っている場所はヒンドゥー教の寺院。この事実は、信仰の対象がひとつではないことを受容するのに役立ったはずだ。原理主義だとそうはいかない。クマリが違う宗教の館に暮らし大事にされていることは、何ら不思議なことではないというのが共通の認識だった。

クマリは年に一度の大祭インドラジャトラの日には館から出て人々の前に姿を現す。その時はクマリの神通力を慕って多くの人々が集まる。国の行く末を占い、人々の願いをかなえ、病を治すと信じられているそうだ。

クマリの家族のもとを訪れ話を聞くことができた。その家は、下町のアパートの三階にあった。家族は父・母・姉・祖母の五人家族。父親のプラタプ・マン・シャキャさんは時計の修理職人だ。末娘のマティナさんがクマリに選ばれたのが三歳の時。占星術などにより、厳しく適性を見定め選ばれるという。そして初潮が来れば普通の人間に戻り、別の女の子が新しいクマリとして館に迎え入れられる。千年以上続いてきたと言われる習わしだ。

家族はみな、名誉だけれど寂しいと口にした。寂しくない、とても名誉だと言って送り出す人たちより人間味があった。寂しいけど、時々会えるし、永遠じゃないしいかなという感覚なのだろう。家族にとってクマリは神ではなく大事な末娘なのだ。三歳という可愛い時期に離れ離れになるというのも試練のひとつなのだろう。一番心が成長する時に神様のところにいなければならない。運命とはいえ複雑だ。役目を終えた末娘が家に戻ってくる時は幼女期は過ぎていて、成長するその過程を見ることはないのだから。

初潮が来なければ、ずっとクマリのままというのは何かの肝なのだろうか。中には初潮が来ず、五十年以上もクマリだった女性もいるという。見た目が大人になったからとやめるわけにもいかず、ずっと館で暮らす運命とともに生きるのだ。

クマリへの願いごと

ネパールの生き神様、クマリを見ると願いがかなうと聞いたが、ネパールの困っている人々が優先されて、私のような者には順番が来るか疑わしくなったので願わなかった。

何かと比較して考える癖がある。自分が日本で比較されながら育ったこともあり、自分も何かと比較してしまうのだ。金銭や職ですごく困った時期もある。だから困っている人たちの百パーセントはわからずとも、その人たちが困っているという現状は把握できる。

彼らよりは私の預金通帳にはお金が入っているだろう。それなら、その預金通帳を大事にしていればいい。困っている人が本当に困っているのを知っているし、ネパールに行って明らかに困っている人を見ている。だから、日本に生まれ四年制の大学を出て、仕事もして、お給料がもらえている、そんな自分は願わない方がいいなと単純に思ったのだ。ただ、「お手すきの時でいいので、熱帯魚のいい循環器と巡り合えますように」とは伝えておいた。もう三代目の循環器になるが三日に一度は詰まっていたのだ。なかなかのお値段はするのにすぐ詰まる。朝起きて、循環器の筒をふると風呂釜掃除の後のようにゴミが出てきて、それも吸うものだからまた詰まる。お金は払うので、よい循環器にクマリの力で巡り合わせていただきたい。飼っている魚や猫に自分の幸せを投影しているところがある自分は、彼らが幸せでなければ私も幸せではいられないのだ。「猫が幸せならなんとなく自分の人生に折り合いがつくから、願いごとは考えつかない」とスタッフのカメラマンが同じようなことを言っていた。

ありがたい存在と定められた彼女に会えたのは純粋にうれしかった。願いをかなえてもらえるという思いではないが、クマリに会えたからちょっとだけ霊的なものをもらえたかもという感謝の気持ちがある。もしかしたらこの感覚がネパールの人々の神様への思いと似ているのかもしれない。ありがたいものに触れたことで、生活がちょっと豊かになるとか、日々で感じることが少しよくなるとか、そういうささやかなもの。これからも仕事に励み生活しようとか、また会いに来るからそれまで頑張ろうという、すごくささやかでありがたいものなのだと感じた。

小さい頃から内気で要領が悪い子だった。みんな持ってくるようにと言われたものをひとりだけ忘れるタイプと言えばわかりやすいか。七歳くらいで人間としての「できるかなスキル」がすごく低いのだと認識したのを覚えている。学校にいる間は覚えているのに家に帰ると忘れてしまう。メモを書いてもそのメモを忘れる。あまりに忘れ物が多く、連絡帳に担任から「どうお考えですか」とあり、しばらく我が齋藤家ではその言葉が流行していた。親からしたら、困った娘だ。どうもこうもこの子が忘れてきちゃうから、というのが親の見解だ。

七歳ぐらいで気づいたからまだよかった。それがわかっていなかったら、自分はもっと何もできない人間だったはずだ。中学に入り、近所の年上の方から勉強を教えてもらい、「わからないが、わからない」は少なくなった。しかし、今でも基本、大事なことから忘れていくのは変わらない。ただ、忘れっぽいのは齋藤家全員に当てはまる。母が旅行に行くというので、中古のビデオカメラをプレゼントしたら自宅に忘れて旅立った。父は父で母がプレゼントしたバーバリーのコートをイタリアに置いてくる。そんな家族だ。

芸能人への憧れもなく、選ばれし者がなる職業だというすり込みがあった。周囲のかわいい子は劇団員やキッズモデルをやっていたり、芸能人と知り合いの者などもいて、自分には一生縁のないところと思っていた。チャンスをものにすることが人生で大切だということは教わるが、チャンスの見分け方は習っていない。そして、チャンスの実体も知らぬまま育った。

人としてヒエラルキーの一番下にいることを自任している。徳を積み立てられない人間なのだ。この世界に二十九歳で入ったのだから「大丈夫？」と思われて当然だろう。クマリと違って何の使命感もない。しかも忘れっぽい。ダメな部分はもう仕方ない。だったら、それ以外のところを強化していくしかない。「忘れっぽいし、あやふやなところも多くて人としてのスキルは低いですけど、水着着られます」みたいな――。

未来予想図「チノ」で知る運命

カトマンズの東の古の都・バクタプルに向かう。世界遺産にも登録されたネパールでも屈指の観光地だ。十五世紀から十八世紀に栄えたバクタプル王朝の王宮広場を見る。栄華を極めたこの王朝には、彫刻などの名工が集い腕を競い合った工芸の街としても知られている。王宮の内部にあった王様の沐浴場は蛇の像で囲まれ、蛇口が本当に「蛇の口」だった。動物の口からお湯や水を吐かせる発想は万国共通なのだろうか。五百年前に建てられたというヒンドゥー教の寺院には最高神のひとりであるシヴァ神が祀られ壮麗な彫刻で飾られていた。中には男女が交わるエロティックなものも。ただここの彫刻は、ヤブユムよりも生々しく、いわゆる四十八手ですか、というやや拙くぎこちないものが多かった。ネパールでは雷の神は女性だ。このため男女の交わりの意匠を施すことで恥ずかしがらせて雷を落とさない、火災を招かないようにしたという伝説もあるとか。恥ずかしいものには雷が落ちないのなら、私は大丈夫だ。よしこい雷！

午後からは街を歩いて運命がわかる男性のもとへ。ネパールで有名な占星術師（チノリーダー）が「チノ」と呼ばれる未来予想図を作成しているという。

占星術などの占いの類は、自分の考えを決める上では大事な指針になるとは思っているが、こればかりにとらわれるとなかなか生きにくい。とはいえ我が国も厄年など昔から決められている。星回りが悪いとか月回りが悪いというのを信じずに無茶をすることはしない。外出して七日目に帰る七日《なぬか》帰りも極力やらない。

私が訪ねたのは二百三十年前から代々続く占星術の家の十四代目であるブ・ナレシュ・ジョシさん。生年月日と時間、場所、その時の星の位置関係などを元に割り出された運命を記したものがチノだ。ネパールでは、子どもが生まれるとチノを作り、亡くなる時もチノとともに葬られるというほど大切にされている。訪ねた部屋は足の

▲世界遺産にも登録された古の都・バクタプルの王宮広場。バクタプルは映画『リトル・ブッダ』のロケ地としても有名。

▼王様の沐浴場跡。蛇の石像で囲まれ、蛇口はまさに「蛇の口」となっている。蛇の石像は思いのほか可愛らしい顔をしている。

踏み場もないほど大勢の人が詰めかけていて、人気病院の待合室のようだった。一回、一万円前後はするというから安くはない。にもかかわらず毎日来るという頻度の高い人や、病気が治るまでは通うという人もいた。

チノは人々の生活を左右する判断基準になっているのだろう。大きく言えば運命だから受け入れ、運命とともに生きている。チノがあるから生きられる、チノがあるから何とかなっていると考え、むしろそれを幸せと認識している。幸せになることも、不幸を受け入れたり除けたりするのも全部チノありき。

例えば、日本での方位除けのようにこの日は旅行に行ってはいけない、何々を学んではいけないなどの禁止事項もある。結婚もチノで相手を選ぶか自由恋愛をするか決め、大学に行くか、行くのであれば何を専攻するかもチノで決めると聞いた。そういえばガイドの奥さんもチノで決まったらしい。ガイドに聞くと、何人か見合いの候補がいて、チノでこの人と見合いをし結婚すると決めたという。チノが決めたことなので、今幸せだ……という答えが返ってきた。

チノに絶対的信頼を持つことで、生活の中の苦しいことや大変なことをチノ任せにもできるし、チノにそう記されているのであれば仕方ないという緩和材にもなる。ネパールの人々はみなチノ上手でありチノ使いなのだ。

死ぬことの恐怖感や死に対する祝福と哀悼が一緒にあるという背景には、チノなどの占いも大きく絡んでくるが、ネパールという国だからできることではないだろうか。日本は無宗教が大多数で、新興宗教もあり、時々トラブルも起きている。信仰があやふやなので、チノは成立しないだろう。

四十七歳で転職の運命⁉

ブ・ナレシュ・ジョシさんは私のチノも一晩かけて作ってくれた。

『二十三歳の時にとても辛い思いをしましたね。二十代の頃に仕事がものすごく変わったので、二十代半ばは自分のせいで大変でした。あなたに力を与える星は太陽です。マスコミや映画、音楽などに素養を持っているように思われます。今の仕事は向いていないるようですが』と就職ができずに苦労した二十三歳の私の状況を言い当てられた。また、少し不安なことも言われた。

『二十三歳の時に起きたことが四十七歳で起こるかもしれません。今の仕事が嫌になったりして、職を変えることになるかもしれませんね。運命の流れを変える方法もあると言います。木曜日にはイエローサファイヤを身につけてください。いつも黄色の布をポケットに入れてください。そうすれば大丈夫ですよ』と。二十三歳の状況が四十七歳でもう一度起きるという。私のような者が中年女になって失業……。面倒くさいことこの上ない。

放映されたのはここまでだったが、他にも話はあった。例えば、今の仕事が最後の仕事だと思い切ることはまだできていないと告げると、違う仕事というのはあるかもしれないが、今の仕事は完全に私から離れないとも教えてくれた。また、四十七歳で起こるかもしれないことは健康状態が影響するので、健康であれば道はおのずとよい方向に進むとも告げられた。その他にも身体についての助言をたくさんもらったため、帰国後、人間ドックの予約を入れてみた。

チノによると四十七歳までは生きられることは確実にわかった。先のことを占うということは自分が先まで生きているという保証がほしいのかもしれない。未来が見えるなら、恐らく死が見えるチノリーダー（読み手）もいるのだろう。その場合があったとしても、どこかに生きる希望を見出す。紙っぺらで未来が決まってしまうなんてと思うかもしれないが、少なくとも私は前向きに生きられそうな気がした。

占いといえば、実はもうひとり、ネパールでもトップクラスの霊力を持つとディレクター大絶賛の女性にも見てもらった。彼女の周りには願いをかなえてもらおうと

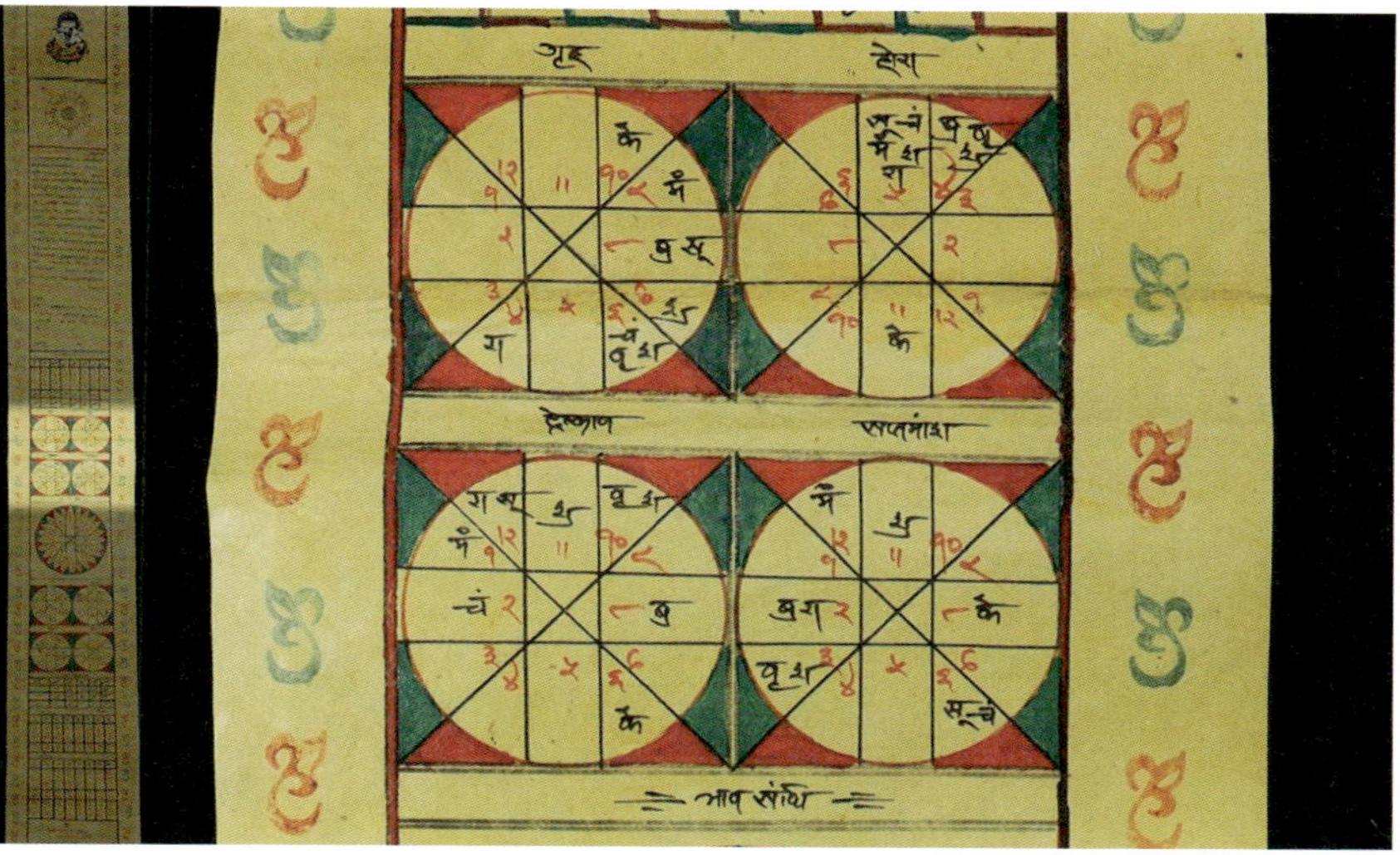

▲チノ。生年月日と時間、場所、その時の星の位置関係を元に割り出す未来予想図。右は生まれた時の星の配置を表した部分。

▼230年前から代々続く占星術師の家の14代目であるブ・ナレシュ・ジョシさん。彼のもとには多くの人々が集まっていた。

日々多くの人が集まってくるらしい。そこでは「一生悩みらしい悩みがないでしょう」と。そして「珍しいものに対しての興味が尽きないから、あなたがここにいるんですね」とも言われ、ネパールの霊能力者が珍しいから来た人みたいになってしまった。実際間違ってはいないのだが……。通訳曰く、珍しいからやってみようとか行ってみようという気持ちが私は強いらしい。大人気の占い師だったため聞けたのはそれだけで、しかもカメラは彼女の指示で入れなかった——。

霊力のある人に接したせいか、この後すぐに発熱し一日寝込むことになる。霊感はほぼないが、何かにあてられたのだろう。そういえば、昔、大学で解剖助手のアルバイトをしている時、解剖中に何かに袖を引っ張られることがあった。一緒に働く人たちみんなが同じ体験をするため「霊感云々じゃないね。霊感ある人はとっくにやめているよ」と話していたので、ないと信じ込んでいた。そういうことがあり過ぎて当時は怖いと感じることもなかった。エレベーターが誰もいないのに急に開いたり、止まったりもあった。きっとその場所にいた何かだったのだろうが、当時は別に嫌なことはされないし、ほっときゃいいやと思っていた。ただ、理解ができないような都合の悪さは霊のせいにしたこともあったかもしれない。

翌日も風邪のような症状が続いたため漢方薬の専門店にお邪魔した。冷えにも風邪にも効くという液体は、未開封の瓶の外からも漢方特有の香りが感じられた。スプーン一杯をお湯一杯で割って飲むと聞いたのだが、この国の〝スプーン一杯〟の基準を聞き忘れ、ホテルにあった大き目のティースプーンを使って飲む。苦いので効くと思い込んだ。

4 終わりの風景 〜死者を送る〜

死は隠されることでなく神の祝福とともにある

カトマンズには多くの人々が最高の聖地と崇める場所がある。それがネパール最大のヒンドゥー教寺院、パシュパティナート。境内の川沿いのガート（火葬場）には火葬の炎が並ぶ。三百六十五日二十四時間、炎が途絶えることはないという。遺灰はそのままバグマティ川に流される。ヒマラヤを水源とし、最も篤い信仰を集めるバグマティ川は聖なるガンジス川に流れ込む。この川に遺灰を流せば、すべての罪が清められ天国へ行けると信じられているのだ。墓を持たないネパールの人々はここで荼毘にふされることを切に願っている。

この風景をテレビ放映することに対しては心配があった。そもそも映していいのか、というところからはじまり、映したところで理解されるのかと。死を穢れととらえないようにしようといっても、それにはまだ時間がかかるだろう。人を焼くこと、死体をすべて晒して、みんなで祈ることを抵抗なく受け入れるのは、ネパールという国に葬儀を隠す費用や慎ましさがないわけではなく、それが当たり前だから行っているのだ。だが、それが果たして視聴者に伝わるのか――。

それでもありのままに見せるしかないのだろうという結論だった。この風景がいいことか否かとか、我々も同じようにすればいいなどとは言ってはいけない。この国にとって当たり前のことだから、私たちはそれを見ていようというスタンスでいないと成立しないものだと感じた。

亡くなったことに悲しみはするが、神の国に送れることに誇りを持っている。神様の国が遺族と故人をつなげる近い距離感と低い垣根で存在するから、人を焼き、晒しながら祈ることに抵抗がない。そこにあるのはただの肉体。魂は神の国に行き、それを見送ることができて心からよかったという気持ちで行っている。儀式に恭しい「出棺です」「御導師が入場されます」などの形式はない。日本の葬儀は、信仰が違っても、宗教に馴染みがない人でもわかるようにあえて形式を重んじる。形式的にすると理解度が上がるのだ。この国では送る行為が周知の事実だから、それ以上、言葉などで共有するものは要らない。これはこうなって、ああなって、そうなって……それで神の国に行けるから、それでいいじゃないかというシンプルさなのだ。

午後六時。川べりでは夜ごとシヴァ神をたたえる歌と踊り、パジャンがはじまる。パジャンとは「捧げる」という意味で、神に自分自身を捧げ、神への愛を表現するのだという。はじまって四十分を過ぎると佳境に入る。人々は音楽に身を委ね次第に高揚感を募らせていく。パジャンが終わると神への捧げものである鮮やかなマリーゴールドの花が配られ、その花をバグマティ川へ流す。神への賛歌とともに、聖なるバグマティ川で葬られるのは、何よりの幸せであり、家族にとっても慰めになると川辺で会った女性は話してくれた。祝福と哀悼が一緒になってひとつの風景になっている。日本では滅多に見られない風景。ネパールでしか見ることのできない風景だろう。

川では洗濯、洗い物、洗って売る商品の管理、弔い、清めが同時に行われている。右を見れば鍋の洗浄、左を見れば人を弔い流していて……川は人々に優しく力強いエネルギーを持っているから、みんな思い思いの生活を川に託し、川に自分たちの人生を投影している。川は、どこからか来て、そこを流れて、またどこかに行く。だからいずれ戻ってくるのではないか、そんな終わりのない世界というのを川に見る。だからお花も、遺灰も川に流す。川に流すのは、今はさよなら、またいつかという気持ちが強いのではないか。自分たちもそうなるということに抵抗がない。しかも川はずっとあるから、川がある限りその気持ちもずっと消えない。

家族とともに迎え、送る死

バグマティ川の火葬場には、お清めのために白い布でくるまれたご遺体が足だけ出した状態で置かれる。火を放つと二時間ほどで燃え尽きるが、思いのほか臭くはなかった。意外とファジーな臭いで、大丈夫だ、ここでバイトできると思った。そもそもここで荼毘にふされるご遺体は看取られることが多いので傷みが少ないのだろう。「あの人、最近見ないな、新聞たまっているし」という日本とは違う。玄関ドアを開けたら大変なことになっているわけではない。家族に見守られ亡くなった人たちばかりなのだ。身体が傷まない状態で神の国に行けるというのは、過去に多くのご遺体を見てきた私からすれば、本当に幸せなことだと思う。

バグマティ川の上流で亡き人を偲ぶ家族に出会った。数日前にパシュパティナート寺院で大切な人を荼毘にふしたという。この日は、故人が生前好きだったものを捧げる儀式を行っていた。捧げものは家族の女性たちが総出で用意するのが習わしだ。死後七日目、食事を捧げる日だということで、お酒やお肉、豆腐、洋服などを全部そろえて供える。この数日間、家族はその死を悼み、弔いの儀式を行ってきた。男たちは髪を剃り、女性は聖なる川の水で髪を洗い身を清め、喪に服す。喪中だということを周囲にわかりやすくするようだ。五十六歳の母親を亡くした男性は「生まれ変わりを信じています。母親が生まれ変わるのであればまた人間に生まれ変わってほしい。もう一度母に会いたいので」と話してくれた。

日本の初七日という儀式に少し似ているが、送る気持ちを強く感じた。そのほかにも何日間かは食事が禁じられるなどの決まりごともたくさんあり、普段とは違うことをすることで、故人が神の国に行くための準備をするところまでが、送る側の役目だと認識しているのだろう。時間をかけて亡き人を偲び、良き生まれ変わりを願う。ネパールの人々は、人知を超えた大きな力を今も信じている。

悲しむ暇を与えないほどやるべきことがあり、それが悲しみを分散させている印象もあった。家族単位で故人を惜しみ、みんなで頭を剃って喪に服す姿を見せ、ひとりで悲しむことをしない。孤独ではないのだ。最後の見送りに来られない人がいれば代わりに誰かが来て、みんなが困らないように余分に何かを持ってくる。信仰も民族もまちまちなのに、死に対してはみんな同じように悲しくて、励まし合う気持ちが強い。

▲死後7日目は食事を捧げる日。故人の好きだった酒、肉、豆類をすべてそろえて供える。洋服なども一緒に置かれていた。

▼遺族の男性は髪を剃り、女性は聖なる川の水で髪を洗い身を清めて喪に服す。日本の初七日にも通じるものがある。

分かち合えるのだろう。決してひとりではないという気持ちが強みだ。

彼らのように死を分かち合えるという能力は、心のコマンドにくっついている。これは教育なのだろう。格差の激しい社会で、なぜあれほど分かち合える気持ちがみんなに共通して備わっているのかは謎だった。できれば彼らがどんな教育を受けたのか、学校のカリキュラムがどんなものなのかを知りたいと思った。

今、日本の小学校では道徳教育が強化されていると言われるが、強化されているのにいじめや殺しといった事件が続くのでは、意味があったのかと思ってしまう。それなら信仰はどうあれ、学校単位で亡くなった人の弔いについて教えることはありだと思う。人が死んだらどうなるかは答えられないが、人が死んだら、どうやってお見送りするのか、目の前にある線香の煙にどんな意味があるのか、なぜお坊さんは経を唱えるのか……といったことは教える価値があるのではないだろうか。死を近くに感じれば、きっと命を軽んじない。子どもは自由過ぎる生き物だから、何か悪い行いをすれば絶対に誰かが見ているということは植え付けないといけない。何でも大人の目線でものを教えると、早く大人にしてしまう。子ども時代は、いつまでも「なまはげ怖い」でいるべきだと思うのだ。この点は、ネパールの人の方がうまくやっている気がした。

結婚相手よりも看取る人

日が暮れて、年に一度行われるバラチャトゥルダシを見に、再びパシュパティナート寺院を訪れた。一晩中、故人を思い灯明を灯し続ける夜だ。夜十二時になると寺は大群衆であふれかえる。シヴァ神を祀るパシュパティナート寺院の本殿には、ヒンドゥー教徒以外は立ち入ることができなかった。人々はまず、このシヴァ神の本殿から神の聖なる火をいただく。聖なる火は家族の手から手へと伝えられ光の輪が広がっていく。訪れた人々に話を聞くと、亡くなった人が安らかであるように、自分たちも安らかに暮らせるように祈る。そして生まれたばかりの子どもたちがよりよく暮らせるように、世界が平和であるようにと祈っているという。亡くなった人が無事に神の国へ行けますようにということと、世界が平和になってほしいということがイコールに並べて考えられている。人が祈ることがとても日常的だから、こういう祭りが存在しているのだろう。

午前三時、祭りのクライマックス。一晩灯された灯明が聖なるバグマティ川へと流される。ヒンドゥー教徒、仏教徒、生も死も、民族も宗教も溶け合いひとつになって祈りを捧げていた。

　ネパールの人々は墓を持たない。川が普遍的にあるから、川がお墓がわりでも問題ない。流動的なものがお墓というのは、ある意味進化というか、逆に進んでいるように私には思えた。納骨堂でも、無縁仏でもいいから、ここにいるという確固たるものがあってはじめて手を合わせられる性分なので、流れる川に祈るのはちょっと新し過ぎるのだ。散骨というのも、まだ自分の中では、本当にいいのかなという疑念が残る。眠る場所があればどこでもいいとは思うのだが、ここにいるという確固たる場所があった方が安心できる。ただ、もし自分で家系が途絶えるのであれば、なかったことにしてもいいかなとも思うが、それでも骨として両親の側にいるということも大事かなとも考える。自分がネパールに住んでいるのなら川でもいい。川をいつでも見ることができ、川に祈ることが生活の一部であるならそれでいいのだ。齋藤家の墓は雪国にある。雪国では雪で墓が埋もれてしまい墓参りができない時期があるのだが、墓が見えないだけでも私は不安になる。

　葬儀自体は、家族に納得してもらうため、もしくは死を理解して、けじめや覚悟をつけるためのイベントだ。じゃあ、埋葬は何かと考えると、故人の希望が完全な散骨であっても、残された人たちの意思が反映されなければと考える。故人のために何か

▲シヴァ神の本殿からいただいた聖なる火は、家族の手から手へと伝えられ、火の輪が広がっていく。

▼バラチャトゥルダシのクライマックス。一晩灯された灯明は、聖なるバグマティ川へと一斉に流される。

をやるということも大事だが、残された家族がどのように死を解釈して明日へつなげていくかの方が大事な気がするのだ。今後、日本には子世代など墓を守る家族がいない人が増えてくる。ネガティブなイメージを少しずつ払拭していくためにも、無縁であるということを前面に出し、向き合う施設も必要な時期に来ているだろう。無縁でも忘れられても別にいいという人はいるかもしれないが、その人の一部でも、この世に存在したという記憶がその土地にあってもいいのではないだろうか。今はいなくても、いつか、拝む人が出てくるかもしれない。だったら、かけらであってもどこかにあった方が残された側のよりどころになるはずだ。

乗り越えられない死とともに生きる

私は二十代前半の頃、大切な人を亡くし、その死を受け入れることができなかったことがある。その人の最期のお顔を見ていないので、まだどこかで生きているのではと考えてしまうのだ。まだ生きていると思ってしまうこと自体が異常だとも思う。そういう人がひとりいれば必ず自分の世界で問題が起きる。死を認識できないのは大きな事件のはじまりであるような気がする。そこから私は「死」に強い関心を持つようになり、二年がかりで遺体衛生保全士（エンバーマー）の資格を取った。隠されていたから知りたいと興味を持ったのと、タブー視されていたからもっと詳しく知りたいという欲求が芽生えたのだろう。死と向き合い、向き合い切れていない自分の気持ちと折り合いをつけようとその世界を知りたいと思ったのだ。

それでも、結局、身近な人の死を受け入れて理解できる日は来ないのだと悟った。納得できないまま消化して、思い返して納得できていなかったと思う日がこれからも必ずくる。個人的な結論としては、死は乗り越えられないもの。だから風化させて儀式にまかせて弔っていくしかない。その時はひとりではなく、みんなで弔うことで悲しみも分散されて、次に進めるのだと思う。悲しい、つらいは乗り越えられないし、墓標に名前は刻まれるし、保険金など謎のお金は下りてくるし、家族でもめる人さえ出てくる……。でも仕方ないのだ。死はそんなゴタゴタをもたらす大きなエネルギーを持っているのだから。

乗り越えられない死と向き合うためには、ひとりにならないことだ。法事で集まるというのは意味があると思う。みんなで集まって、食事して、思い出話をして、手を合わせて次また会いましょうと、なあなあにしていくしかない。法事で質素な食事を出さないのも、どんちゃん騒がなければやっていられないからだろう。忘れたい、でも忘れられないとわかっている。故人と触れ合った肌の感覚を薄めるために、お酒を飲むのだろう。三十三回忌や五十回忌までは大変でもやった方がいいとさえ私は思っている。ひとりにしてよと思う人もいるだろうが、それを遮ってでも、ひとりになる時間を区別してあげなければいけない。

人々が集まり、祝福しながら故人を偲ぶ。祝福をしていない時は悲しみがある。悲しみと祝福との落差があって、忘れられる瞬間が芽生えて、毎日祝福を備えて生きていると次第に感覚が鈍ってくるのかもしれない。だから普段は深い悲しみの中にいても仕方がないし、重い腰をあげて法事に集まるのは、祝福の方へ自分を持っていこうとする意思が働いているのだ。楽があれば苦があって、苦があれば楽がある。そんな落差がある中で生きていかなければ、「今日はよかった」「昨日は悪かった」と比較がいつまでもできないのだから。

5 死までの時間
～最期の時を過ごす～

死を待つ者の家

パシュパティナート寺院には死が近づいた人々が最期の時を過ごす場所があり、そこは「死を待つ者の家」とも呼ばれる。旅の最終日に訪ねた。この日もまた、火葬の炎が揺らめいている。

川のほとりの白い建物がその施設だ。伝統医学、アーユルヴェーダを学んだ施設長のビディヤ・スバルナ・バイディヤさんに話を聞くと、昔から、パシュパティナートに連れて来られて死ぬことができれば一番いいと信じられているため、みんなここに死期が近い人を連れて来るのだという。ここにいる人々は、癌などの重篤な病気で、もはや手の施しようがないのだと説明してくれた。

来たるべき死と向き合い、家族とともにその時を待つ。家族に伴われてここに来た老人は身体には水分が少なくなってきて、腎臓も機能していないという。「死期が近づいています」と施設長。自分で食べることもできず、動くこともできず、話すこともできない。ただ死を待つだけの状態。家族はできる限りの世話をする。話を聞く間にも、あちこちで患者の容態が急変し施設長を呼ぶ声が聞こえる。取材中にもある高齢女性が亡くなっていった。

死は避けることはできない。だからこそ、この国の人々は、死と向き合う時間を大切に過ごす。

ここで亡くなると別れの儀式がすぐに行われる。遺族は最後に自らの手で心を込めてご遺体を花で飾り、聖なる川の水を足元に注ぎ火葬台へと送る。日本では考えられないことだと思った。亡くなるということを納得して受け入れられているということは、死ぬという行為に理解が深く、寛容なのだろう。もちろん泣いたり恐れたりはするだろうが、その後のことをしっかり考えているというのは理解できた。

私自身、ホスピスの存在を知っているし、実際に働いている方の話を聞いたこともある。どれだけ準備をしていても、死を迎えた瞬間に惜しい、悲しい、つらいという気持ちになるのはみんな共通したことだ。だが、死を待つ時間に考えることは人それ

▲バグマティ川のほとりの白い建物が「死を待つ者の家」。家族に連れられてやって来た人々が最期の時を過ごす。

▼「死を待つ者の家」で亡くなった人の別れの儀式はすぐに行われる。バグマティ川の水を足元に注ぎ、火葬台へと向かう。

ぞれ違う。いろいろな道を通って死に向かう過程を、手探りながらも施設の中で感じているのだと思った。死に辿り着く感情はそれぞれでも、ひとつの施設に収め形から入ることで、ある程度の整理がつくのではないかとも思う。

死を待つしかない人が今生きている人と同じ環境で過ごせば、毎日が不安や死への恐怖で、いっぱいいっぱいになる。日本の終末医療現場には、それを緩和させる専門職がいるが、そういう職業がもっと確立されてほしい。葬儀の勉強だけでなく、仏や神様を学んだり、心理学を学ぶ人が、側で寄り添い話を聞いて、死への恐怖を和らげ看取る。そういう宗教の中にある人たちがやはり必要だ。

二〇一六年に出演したテレビ番組で「臨床宗教師」という方々が紹介された。臨床宗教師は、公共空間で心のケアを行うことができる宗教者で、布教や伝道を行うのではなく、相手の価値観を尊重しながら、宗教者としての経験をいかして、苦難や悲嘆を抱える方々に寄り添うのが仕事。主に話を聞くこと（傾聴）を行っている。仏教、キリスト教、神道など、さまざまな信仰を持つ宗教者が協力しているそうだ。臨床宗教師が、死を待つ一人ひとりと答えを一緒に見つけて理解していく。この仕事は今後、とても大切になってくるだろう。

終末医療において最期の時間に寄り添うのに適しているのは多分身内ではない。例えば子どもであれば、お父さん、お母さん、あんなに元気だったのに……と見えてしまい弱っている姿というのはその人の歴史のメインではないと考えてしまう。そうではなく、弱っている今をこそ、その人のその時のメインの姿として受け止め、見送れる人というのが、これからの日本には必要になってくる。そういう人さえいれば、尊厳死や終末医療への意識は前向きになってくると私は思う。今、すごく不安だから、終末医療をどうしていいかわからない、死にゆく人にどう接していいかわからないからこそ、安楽死、尊厳死がクローズアップされ求められてしまう。終末医療を受ける人たちが、充実した設備・環境のもとで、ちゃんと話をして、死と向き合って、もっともっと終末の時間を大事にすることができたら、みだりに自分から死を選ぶということは減るのではないだろうか。

命が消える時

命がなくなる瞬間に居合わせたのは今回がはじめてだった。遺体衛生保全士や解剖の助手の仕事でも経験がなかったので、遺族の悲しみも近くで見ることになった。だが、その悲しみに引っ張られすぎることはないだろうと予想はついていた。ご遺体の処理の仕事をしていた頃、仕事の帰り道にはいろいろと考えることもあった。

今でも前職のことを考えない日はない。不思議なことに何につけても死はついてまわるようになった。死を受け入れたという意味ではなく、生活の一部となってしまったのだ。だが、感情はともなっていない。ただ考えているだけなのだ。だから死が自分に来たら怖い、つらく嫌だという思いがあるのだろう。もし感情がともなっていたなら、もっと悟ることができていたと思う。

はじめて身近な死を経験したのは曾祖父の死だった。私が六、七歳の頃だと記憶している。自宅で本当に眠るように誰も知らない間に旅立った。ただ、その瞬間からみんなが大慌てで、すぐに儀式的なものがはじまるというスピードの速さを今でも覚えている。秋田は昔、火葬場で火葬してから葬儀を行う骨葬が多かったので、あっという間に焼かれてしまう。余韻もなくそのお骨が曾祖父ということで葬儀が進み、お骨を囲んで宴会がはじまっていた。もっと何々してあげればよかったというのが出てこなかったということは、気持ちの整理が早くついたのだろう。そういう意味では、すぐにお骨にすることとは、言い方は悪いが、諦めるために必要なのかもしれない。曾祖父の住んでいた地域では、悲しむのは後からでもいいというのがあったのだろう。心のどこかにある、故人がまた起きて話し出すのではという望みが悲しみにつながるのだから。

それでも遠くに遺族がいる場合などは、最後のお別れを延ばすためにエンバーミングという方法も出てきている。曾祖父の時代は家族がいつも側にいて、最後の最後まで一緒にいたからこその骨葬だと思う。家族がバラバラになっている家では、ちょっと待ってとなるのはわかる。

だから、家族のつながり方や側にいる日々によって、骨葬のように時間をおかずに茶毘にふした方が、次の日を見つめられてよかったという人もいれば、最後のお別れまでご遺体と一緒にいられてよかったという人、一週間エンバーミングしたおかげで遠くから駆けつけ、さよならが言えてうれしかったという人もいるだろう。そこは、家族関係、見送る側の思いも含めて、それぞれでいいと思う。

ネパールの人々の死に対する寛容さ

ネパールは常に死が側にある国だった。その死に対する寛容さは、死を伏せようとする人たちが極めて少ないことも関係しているだろう。日本では死を「縁起でもない」といって憤慨する人を諫めることが少ないが、ネパールの人々は死を仕方のないものとも認識している。それは文化や医療の進化などとリンクしているのだろう。ネパールの人からすれば死はそこにあるものでしかない。日本の病院ではとにかく命をつなげ、クオリティ・オブ・ライフよりも生きていることが大事というねじれも起きていると聞く。発達しすぎた医療の副産物だ。すべてが素晴らしいユートピアはないのに、どこか追い求めてしまう。そこには必ずしわ寄せを食らう人がいて、それをゼロにしようというのは無理な話なのだ。いじめも育児放棄もなくならない。それは進化の副産物だから、それをゼロにするのは難しい。しかし、憂き目にあった人の話を聞くことはできる。撲滅より、回避することではないだろうか。

ネパールの人々が、それらを回避する姿は、日本より長けていると思った。向き合って解決できてしまうと人間の力を過信してしまうように思える。医療の恩恵に与って生きている部分が多いので悪くは言えないが。

十一日間のネパールの旅も終わる――。

仏教もヒンドゥー教も並列してひとつの建物の中に共存していたり、同じ仏教の中にもまたチベット宗教がある。そういう姿を見ても不思議と違和感がなかったことが印象に残った。私は無宗教を気取っていても恐らく神や仏を信じる気持ちがあるし、年に一度は墓前にも立つ。どの宗教も信じる気持ちは一緒であり、そうした自分の気持ちがそこにつながっていたことはうれしく思った。他者を受け入れ、他の宗教を受け入れ、死をも受け入れる。この国の人々の寛容さが心に刻まれた旅だった。

▲電線、電柱、そして謎の旗。見上げると空の間にさまざまなアイテム。

▼川の周りは祈りの場所として、深夜でも多くの人々でにぎわう。

旅の合間に ～ネパール

▲カトマンズの商店で鳩が「無銭飲食」。
追い払う人もいない平和な光景。

▼ネパールのタクシーのようなもの。人力とは思えぬほどの速さに驚く。

▲バクタプル王宮にあった沐浴場跡で、
可愛い顔をした蛇の像と出会う。

▼寺院に設置されている鹿の像。思わず
寄り添いたくなるキュートさだった。後ろの
白い建物についている点々はハト。

旅の合間に ～ネパール

▲400段弱の急な石階段を登って世界遺産のスワヤンブナード寺院へ。寺院内にあるマニ車を回した。

▼話を聞くことができたネパールの人々の多くが、親切で丁寧に対応してくれた。

プロデューサーメモ

NHKエンタープライズ　エグゼクティブプロデューサー
河瀬大作

「死とエロスの旅」のロケでは、普通の紀行番組では行かないような場所を訪ねることが多いです。時には目を背けたくなるような場所にも足を運びます。しかし壇蜜さんは、ほとんど動じることがありません。

本文にも出てきますが、血と殺戮を好むという戦いの女神が祀られた寺院に生け贄の儀式を取材しに行った時のことです。ちょうどその時期は、全国から参拝者が訪れるお祭りの時期。寺院のもっとも奥深くにあるその場所では、次々と、山羊や鶏などの生け贄が女神のために屠られていきます。石畳の床は、屠られた動物の血で一面赤く濡れています。この光景を見た撮影スタッフは、その生々しさに困惑し、壇蜜さんに、この場所に足を踏み入れてもらうかどうか、考えあぐねていました。

しかし壇蜜さんは、迷うことなく、すっと石畳に降り立ちました。慌てたスタッフは壇蜜さんに率いられるように、血の海でロケしました。撮影後、すごいですね、と声をかけたら、真冬の水着でのグラビア撮影に比べれば大したことないです、とけろっとしていました。

第2章

メキシコ

メキシコ合衆国
Estados Unidos Mexicanos

不思議な力が息づき、街には祈りが満ちる。
ここでは死は後ろ暗いことではなく、新たな命のはじまり。
征服者スペイン人による侵略、不条理な死、避けがたい苦難。
それを受け入れるために、
この国の人々は祈り続けているのかもしれない――。

メキシコ合衆国

面積　196万平方キロメートル（日本の約5倍）

人口　約1億2,920万人（2017年、国連）

首都　メキシコシティ

民族　欧州系（スペイン系など）と
先住民の混血（60%）、先住民（30%）、
欧州系（スペイン系など）（9%）、
その他（1%）

言語　スペイン語

宗教　カトリック（国民の約9割）

通貨　ペソ
1ドル=約18.03ペソ（2018年4月、墨中銀）

識字率　94.86%（2016年、世界銀行）

政体　立憲民主制による連邦共和国

在留邦人数　11,390人（2016年10月現在）

メキシコ

Estados Unidos Mexicanos

▲メキシコシティの「死者の祭り」では、街中で骸骨を目にする。色鮮やかな衣装で飾られたその姿は、みなお洒落。通りの真ん中にも骸骨が立っていた。

▼骸骨のメイクを施したウエディング姿のカップルと記念撮影。「死ぬことは終わりではなく永遠の存在になること。死は日常の一部」と彼らは話してくれた。

死とエロスの旅

肯定される死

▲呪《まじな》いの市場（ソノラ市場）で売られていたカラフルな骸骨たち。メキシコでは骸骨にタブー感はなく、親近感が持たれている。

▼亡くなった人が帰って来る「死者の祭り」はとても明るい。骸骨の仮装をする人などが参加するパレードも行われる。

▲カトリック教会、アメリカ大陸最大の大聖堂・メトロポリタン。巨大で豪華絢爛な大聖堂だが、建物は大きく傾いている。湖を埋め立てた土地に建築したことが大きな原因とされ、一番傾斜のあるところでは1メートルほど沈んでいる。

死とエロスの旅
聖なる死

▼完成までに約250年を要したともされる大聖堂内部は、きらびやかでどこを拝んでいいのかわからないほど豪華だ。

▲ミサの後に行われるムシェの女王のお披露目パレード。ムシェたちは美しい衣装を身にまとい町中を練り歩く。彼女たちにとって年に一度の最高の晴れ舞台。

▼この年のムシェの女王はルビッチさん。女王は容姿だけでなく、社会への貢献なども審査の対象となる。女王になることはムシェたちにとっての憧れでもある。

▲教会で行われるミサに参列するムシェの人々。ムシェのカトリックヴェールはグリーンや赤など華やかなものが多かった。

▼ムシェが暮らすフチタンには世界で唯一同性愛を認める教会がある。そこには神父の話に耳を傾け祈るムシェの姿があった。

▲マヤ時代、セノーテに人間を投げ入れ生け贄として神に捧げていた。泉の底からは当時の頭蓋骨が数多く発見されている。

▲セノーテは青く美しい泉。今も大地を守り、人々の魂を守る神々が住んでいると信じられている。

死とエロスの旅

ジャングルの中の神々

▶何千年もの間、守り続けられてきた聖なる場所・セノーテ。ジャングルにぽっかり空いた穴のようなこの泉は、川のないユカタン半島では唯一の水源だった。そのため古代マヤ人はセノーテを「聖なる泉」として崇めてきたと考えられている。

▲メキシコシティにあるグアダルーペ寺院の「褐色の聖母マリア」。この土地に暮らす人々と同じ姿で突然現れたとされ、聖母の出現譚としてカトリック教会が公認している。

死とエロスの旅

祈りと信仰

▲国内だけでなく南アメリカの巡礼者が集まる。寺院の参道には、自らに苦行を課すように膝をつき歩む信者の姿もあった。

▼メトロポリタン大聖堂の屋上に上がり鐘楼で鐘をつく。教会の鐘の音をメキシコの人々は神の声の代わりだという。

1 肯定される死
〜日常の中にある死と呪術〜

旅の幕開きはトラブルから

二〇一五年十一月、死とエロスを巡って二回目の旅がはじまった。二か国目のメキシコの日程は八泊九日という急ぎ足の旅となる。

運が悪いのか、それとも業が深いのか、出先で天候不良と交通トラブルによく遭遇する。天候も運行も何とかできるほどの潜在能力は人間にないというが、「昨日まで晴れていたのに」「いつもはこんなことないのに」と聞かない出張はまずない。メキシコでも交通トラブルに遭遇。羽田からサンフランシスコを経由してメキシコシティへ降りる予定だったが、メキシコシティではない空港に着陸した。

着陸前後のスペイン語の機内アナウンスが理解できずに、隣席の日本人に聞いたところ、多分ここはメキシコシティではないと教えてくれた。そのまま二時間待機となる。隣席の人はメキシコに商談で来ていたビジネスパーソン。お礼にサインをしたのだが、彼が差し出したのは日本の小説本だった。同行スタッフとは席が離れていたがみんな状況が飲み込めていない様子だった。缶詰状態で混乱する機内の中で合流し、私から事情説明をした。天候不良様子見と燃料補給がその理由と後で知る。初日から予定が大幅に変わる旅の幕開きだった。

到着前のトラブルを経て、ようやく首都・メキシコシティへ。さっそく街そのものが世界遺産という古い街並みを歩いた。

街は色味が多い。ベースは緑っぽいものを黄色っぽいものでくるんだようなイメージだ。特にピンクの種類が多いのが印象的だった。赤に近いピンクやショッキング系もある。明るい色が好きなのだろう。メキシコは足していく文化。装飾品をたくさんつけて人々はみなお洒落だ。タトゥー率も高く、ダイエットや過度な美容整形などの引き算はしないのだろうと思った。

どこに行っても人々は携帯とともに歩くか、何かを食べているかが圧倒的に多い。時計を見ると十六時前。そのタコスは何ごはんだったのかと聞いてみたかった。食べ物は全体的に酸っぱ辛い味がする。これがすべての基本形で、この酸っぱい、辛いが強くなったり弱くなったりするだけのように思う。日本のおにぎりやみそ汁の存在に近く、結局何を食べてもここに帰るのだろうなと感じた。癖になったのがコンソメの中にライムの果汁と野菜が入ったスープ。ひどく酸っぱいのだが、後をひく。食事では、生野菜をはじめカラフルな野菜が出てくることが多かった。日本では見ないような野菜なのだが、それを細かく切っているのでますますわからない。全体的にミネストローネにライムをかけて毎日食べていたという印象だ。美味しかったのだが。

この国の人は、欲望に忠実なのだろう。至るところに食べ物屋さんがあり、簡単に持って帰れるようなシステムも多い。メキシコの国民食・タコスの店に入る。トウモロコシから作るトルティーヤに肉や野菜などを入れて食べる。これで百四十円。

人々は何でもテキパキこなす感じはあるが、そのほとんどがルーチンワーク状態だ。メニューを開いた途端「決まった？」と店員がやって来る。隣で食べていた現地の人たちも、メニューを開けて瞬時に決めているように見えた。注文してから出てくるのも非常に早く、タコスをさっと渡された。毎日のことだから早いのだろうが、丁寧さとか、きれいさは追求されず、そこに過度な体温は感じられない。誰に対しても同じ対応で、迅速にさっとお金になるものを提供することに集中している。

タコスには唐辛子で作ったサルサソースをつけて食べるが、辛いのは若干苦手だ。

違う国に来たら感覚が変わるかと期待したが、辛いものはやっぱり辛かった。

紅茶派の私だが紅茶にほとんど出会えず、旅の間に飲めたのはわずかに一杯だけだった。メキシコはコーヒー文化で一部のお店にちょっと紅茶っぽい何かがあるぐらいだ。あまりに紅茶が飲みたくてコーディネーターにスーパーに連れていってもらったが、謎のブルーベリーハーブティーがあるのみだった。

人々はみんな明るく陽気だが、現状を激しく変えようという気持ちはあまりないように見えた。強固な階級社会も背景にある。美容と健康に気を遣いスリムでキレイでいられるのは富裕層の人々だけだと通訳から聞いた。それよりも、今の自分や生活を肯定し、食べる、祈る、働く、家事をするといった日々の生活を営むことを重視している。誰かに憧れて何かをすることもなく、これが私という自己肯定感を持って、曲げないところは曲げない強さを感じた。

死者が帰って来る「死者の祭り」

メキシコ全土で行われる一年で一番大きなイベントである「死者の祭り」を見る。通りの真ん中に立つのは服を着せられた骸骨。ショーウィンドウにも骸骨が並び、カラフルに彩られたそれらはどれもお洒落だ。人々も骸骨の姿をして街を練り歩く。

この国では死者が骸骨になって帰って来ると考えられている。ここでは死は新たな命のはじまりであり、後ろ暗いことではない。

メキシコにも死後の世界という考えはあるが、それは骸骨になって、また家族に会いに来るというもの。死後の世界はみんな骸骨になっているのだ。アニメ映画の『リメンバー・ミー』でも骸骨になった状態でおじいちゃん、おばあちゃんがやって来る。祖先の姿が骸骨に統一されているのがおもしろい。結果、死んだらみんな骸骨になって仲良く暮らすというシンプルな考え方だ。

今でも土葬が中心ということも影響しているかもしれない。遺跡などから骨のまま残った姿を発見すれば、ああ、そうか死んだらこんな骨になるのか……、と少しずつ心に根づき、今に至る気がする。

お祭りで骸骨をカラフルに着飾らせるのも、自分のことをわかってほしい、見つけてほしいという骸骨になってしまった家族や友人など近しい人の思いを形にしているのだろう。骸骨が生きている家族のもとに会いに来るという考えが広く定着しているからこそ、メキシコ全土で「死者の祭り」が行われる。

日本なら、街中に骸骨があふれる祭りがあれば、見ている人に恐怖を与えることもあるだろうし、骨格標本みたいな骨がウロウロしているのは、あまりピンとこない。死んでしまえば、身体は何もなくなってしまい、魂になり、あの世に行ってしまうからというのが日本の一般的な考え方だ。火葬して骨をくだいて、埋めてしまうのだから仕方ない。

メキシコでは骸骨は死者が帰って来る象徴、シンボルとして扱われている。死に対して穢れているといったタブー感もない。死んでしまった家族や友人などが、自分たちに会うために帰って来るのをみんなで喜び迎えるのが死者の祭りなのだ。そして、いつか死は自分にも訪れて、骸骨姿になった自分も家族のもとに帰ることを信じている。

日本の若者が骸骨、スカルのTシャツを着るのは死の背徳感をまとうことで強く見せたり、タブーをあえて身につけることで鼓舞しているイメージもあるが、メキシコで骸骨を飾ったり、身につけたりするのは、どこかお祭り感覚だ。骸骨は、ちょっと神聖で、でも、身近なもの。すぐに死を連想するものでは決してない。どこか親しみがあり、もしかしたら自分を助けてくれる、導いてくれる存在になっている。置いておくことで、呪いから守られる、身近な厄除けがわりにしているのかもしれない。私たち日本人が〝招き猫〟に抱く気持ちとそれほど変わらないのではないかと感じた。

「死ぬのは怖いと思いますか」と祭りに参加していた骸骨姿のカップルに聞いてみた。すると怖くないと答える。彼ら曰く、死は神が与える奇跡の瞬間であり、無になることはないという。終わりではなく永遠の存在になることであり、亡くなってもそれぞれの人は誰かと生き続ける。だから彼らにとって死は、生活の一部でもあるとのこと。

怖くないと迷いなく即答する二人に驚いたが、迷いがないのは祈る場所がすぐ側にあるからだろう。この国では、祈りを捧げたり、よりどころにするものが家族代々同じで、自分もまた当たり前のように、教会に行って説教を聞くことが生活の一部になっている。死が生活の一部と彼らが語るのは、そういうことなのかもしれない。

困難は呪いで切り抜ける

独特の死生観を育んできたメキシコの人々。骸骨と並び、もうひとつ彼らの生活に欠かせないもの、それが呪術だ。世界的にも珍しい不思議な場所がある。人呼んで呪《まじな》いの市場――。

メキシコシティの中心部にあるソノラ市場は、呪いの市場と呼ばれ、骸骨をはじめ奇妙なものがあふれている。ローション屋に立ち寄り、幸運を得られるローションなるものを見せてもらう。店主曰く、このローションを自分に塗れば相手を惹きつけて好きな人を振り向かせ思い通りにできる効果があるとのこと。ほかにもお金がたまるものやカップルを別れさせるものなど百種類以上が売られていた。

メキシコでは数百年前から魔術や呪いが暮らしの中に息づいている。市場にもところせましと儀式のための道具が並び、大勢の人々がやってくる。そしてここには魔除けや厄除けを担う魔女もいる。魔女の歴史は十六世紀頃にはじまった。先住民の信仰と西洋の呪術とが結びついたものだとされ、儀式では市場で売られるさまざまなものを使う。この市場だけでも二百人の魔女がいるという。日本の占いの館で気合を入れて恋占いをしたり、悩みを聞いてもらうのとは違い、人々はみなカジュアルに利用する。各店にひとりは魔女や呪術師がセットされ、二階でお祓いしますというシステムが多いという。

話を聞いた魔女のマリアさんは、先祖代々全員が魔術を使えてそれを受け継いできた。悪い性格を変えたい、給料を家に入れてくれない夫をなんとかしたい、といった問題まで解決してくれる。料金は一回一万円程度だ。

私も狭い店の階段から二階に上がり、血のめぐりが悪いのを見てもらった。使うのはローズマリーなど五種類の薬草だ。薬草には悪いものを浄化する力があるという。身体を植物でバンバン叩かれ、草を裸足で踏み、最後に全身にアルコールスプレーを振りかけられて終了した。身体を清める際にアルコールと自然界のものを用いるのは世界のお約束なのだろうか。マリアさんからは、周囲に私を妬んでいる人がたくさんいるので定期的にお清めをするよう助言される。叩かれたところが少しヒリヒリした。この刺激がいつかは浄化に変わるのか――。

この国では何かが起こると、まずは魔女や呪術師のもとへ行くと聞く。具合が悪くなった時にはまず呪いを疑うのだ。誰かにかけられているのかもしれないとか、信心

▲メキシコシティ中心部のソノラ市場。通称・呪いの市場には魔除けや厄除けに用いられるさまざまなものが売られている。

▼先祖代々、魔術が使えるという魔女のマリアさん。ローズマリーなど5種類の薬草を使って血のめぐりを見てもらった。

深さが足りなくなっているからとか、パワーが少し弱まっているのかもしれないといって、病院へ行くより先に魔女や呪術師を頼る。そのほか人を呪ってほしい、かけられた呪いを解いてほしい……など、困難なことがあると、それを呪いで切り抜けようとする。呪いと今の不幸や恵まれていない状況は直結しているのだ。この困難はどこから来るのかという原因を突き止めるのではなく「ああ、呪いだ」と考える。

呪いだと考えられれば、あとは解きに行くだけだ。経済格差が激しく、上・中・下と明確にクラスが分かれる階級社会の中では、原因を突き詰めたところで結果どうにもならないというのがあるのかもしれない。そうであれば呪いを解くという行為の方が、誰にでも平等にできることだから、自然とそれが残ったのだろう。呪いを解くために魔女に頼るのは階級や処遇に関係なくできることなのだから。導きは神に委ね、命も神に託しながらも、託したんだからほかの災いは自分たちで気をつけないと……という連携プレーを見たようだった。

今を生きるメキシコの人々

メキシコ人の九割がキリスト教徒でカトリックを信仰するという影響もあるだろう

が、メキシコの自殺率は低い（二〇一六年時点での人口十万人当たりの自殺による死亡率〈自殺率〉は、ＯＥＣＤ加盟国［平均十一・六人］中、日本［十六・六人］、メキシコ［五・五人］。最も低い国はトルコ［二・一人］、高い国は韓国［二十五・八人］など。「２０１８経済協力開発機構（ＯＥＣＤ）保健統計」）。骸骨を祀る死者の祭りがあるぐらいだから、死は受け入れやすく明るいイメージがあり、死者の祭りで話を聞いたカップルのように、怖くないと考える人が多い。やはり死は後ろ暗いものではないのだ。

また、メキシコの人々は、今を謳歌する力が強い。今が楽しいかどうか、幸せかどうかを大切にしている人が多く、今日は晴れたから幸せ、ご飯が食べられて幸せと考えることができる人々なのだ。今日がよければいいや、家族がいればいいや、といった「〇〇だったら幸せ」の条件がシンプルなのだろう。この条件が、単純でシンプルであればあるほど自殺率は低くなるのではと感じた。

社会構造上、しょうがないことも確かに数多くあるのだが、しょうがないから死を選ぶのではなく、しょうがないから今を生きるのだ。楽天的ともおおらかとも言えるだろう。

例えば、自殺率の高い韓国のように厳しい学歴社会をはじめとする弱肉強食の世の中で、受験や就職に失敗したり、競争に負けたらその先はないという教え方をしてしまうと、若ければ若いほどそのまま「ないんだ」と思ってしまう。日本人のように、女性なら母としての幸せは何だろう、女としての幸せは何だろう、働く者としての幸せは何だろう……と、幸せについて自分を多方面から見過ぎるのも大変だ。全部まるっと解決する幸せの答えは出ないにもかかわらず、永遠に考え続ける。これに人との比較が加わるのでたちが悪い。また同調圧力の強さにも影響される。そこが日本人としてのマナーのよさだったり、取り乱さない冷静さだったりする反面、自分が逸脱したらもう先がないのではないかという恐怖が自ら命を終わらせることにつながっていく。そうではなくて、今が幸せならよしと、もっとシンプルに考えることができれば自殺も減るのではないだろうか。

死を後ろ暗く受け止めていても国の中にも違いがある。いろんな解釈の仕方があるが、例えば、自殺率は日本もタイも高いものの死に対する後ろ暗さは真逆だ。輪廻転生を信じ、すぐ生まれ変わればいいと思って自死するのはタイ。輪廻転生を信じず自分の存在を消して、何もなかったことにしたいと願うのが日本。死が後ろ暗くないから自殺するしない、後ろ暗いから自殺するしないは、ひとくくりでは語れないものだと感じる。

2 聖なる死 ～生け贄と骸骨・アステカの太陽信仰～

アステカの神殿の上に建つ大聖堂

世界遺産である歴史地区。その中心にそびえるのがアメリカ大陸最大のメトロポリタン大聖堂だ。湖を埋め立てて作った教会は、きらびやかな祭壇の地下に荘厳な納骨堂と安置台をかまえ、信者の求めるものを盤石の体制で整えていた。中へ入ると、その巨大な空間に圧倒される。どこを拝んでいいのかわからないぐらい豪華だ。ミサが一日に何度も行われ、多くの人々が神に祈りを捧げる。

私たちは、スペインの王へ捧げられたという王の祭壇へ特別に足を踏み入れることを許された。司教でも滅多に入れない空間だ。高さは約二十四メートル。スペインの歴代の王が装飾品とともに祀られていた。真ん中にイエス・キリストの像があり、聖人たちがその周囲を取り囲む――。

　豪華絢爛な大聖堂だが、建物全体が大きく傾いているという。地盤の緩さと地震による傾きはここ四百年で大きなものとなった。その傾き具合がわかるように、天井から錘が吊るされていた。歩いていて坂道のように感じたのはそのせいだろう。一番傾斜のあるところでは一メートルほど沈んでいると聞いた。それでも建っていることに奇跡を感じられているようだ。傾いてみるものだ。

　ただ、この傾きは地震国に生きる私には、やはり心配になった。それほど安全ですよと感じられない建物なのだ。荘厳な聖なるものを急いで建てたという印象は否めない。日本ならすぐに補強工事に着手するのだろうが、ここでは傾いているなら傾いているままにしておこうという気持ちが強い。神聖なものだから補完して補強するという概念よりも神聖なものだから触ってはいけないということらしい。もしこの先に地震に見舞われさらに傾いたとしても、恐らく聖なるものが傾いたおかげで何らかの奇跡が起きたといった解釈が得られそうだ。

　三十数年前に発見された大聖堂の地下も見ることができた。そこには、かつてこの地に栄えたアステカ帝国のテンプロ・マヨール神殿が眠っていた。天文学など高度な文明を持ち、この地を支配したアステカ帝国は、十六世紀、スペインによって征服され滅びた。その時、スペイン人はアステカの神殿の上に大聖堂を築いたのだ。それが地盤の緩さとともに大聖堂の傾きの原因のひとつとも考えられている。なぜ神殿の上に大聖堂を建てたのか――。

地下はとても寒かった。案内してくれた学芸員のギジェルモさんに聞くと、神殿はアステカ帝国の宗教的な意味を持つ場所だったため、カトリックという新しい思想を持ち込んだスペイン人は古い思想をつぶす必要があったのだという。先住民たちはアステカ時代の信仰を捨てようとはしなかったので、それをなくす方法が、アステカの神殿の上に大聖堂を建てることだったのだ。

侵略者たちが葬ろうとしたアステカの信仰。その象徴が歴代の大司教が埋葬されている部屋にある。中央に安置された初代大司教の棺の台座には多くの骸骨があった。この骸骨はアステカの神殿からはぎ取られたものだ。帝国のシンボルである骸骨、先住民の一番大事なものの上に大司教の棺を載せて封印していた。あまりにダイレクトなやり方だ……。

スペインが侵攻した後に、アステカの太陽信仰からキリスト教に移行するのに、歴史的にはそれほど大きな抵抗はなかったと聞いていると通訳は言う。その背景には、この国の困窮があった。困窮があったからこそ信仰がすんなり受け入れられたのだという。豊か過ぎるか、困っているかのいずれかでなければ、信仰は広まらないという話に頷いた。

アステカ帝国は約五百年前、現在のメキシコシティを拠点に広大なエリアを支配していたが、突如やって来た征服者スペイン人にそのすべてを壊された。容赦なき大虐殺で先住民の人口は五分の一まで減ったとも言われている。また、アステカ帝国の中心都市、テノチティトランは湖上に作られた美しい町だったが、スペイン人はこの町すべてを埋めてしまい、その上にメキシコシティという巨大な街を作ったのだ。

スペイン人が徹底的に葬り去ろうとしたアステカ帝国。その象徴である骸骨。この国に残る骸骨信仰とともに、そこには独特の死生観が秘められていた。

アステカの骸骨は「聖なる死」の象徴

一九七八年に、メキシコシティの中心にある大聖堂カテドラル近くで電気の工事中に発見されたテンプロ・マヨール遺跡。今、地上に現れているのは遺跡の一部だともいわれ、現在も発掘調査が続けられている。アステカ帝国を研究している考古学者のマルティン・アルバレスさんにお会いして話を聞いた。

アステカ帝国で「祈り」の中心、大神殿だった場所を見せてもらう。そこでは最も神聖な儀式が行われた。それが生け贄の儀式。生け贄は黒い石の台の上に寝かされ、その心臓を取り出される。儀式は五人の司祭が行い、手足を押さえ、ナイフで肋骨の下を開き、手を入れて生きたまま心臓を取り出したという。中には子どもの生け贄もいて、彼らは頭も切り落とされたと聞き、残酷さを感じる。生きた人間の心臓は毎日のように神に捧げられ、多い時には一日に百人以上――。その多くは戦争の捕虜だったそうだ。

黒い石の台の横には神の使いチャックモールの像があった。仰向けの状態でひじをつくような姿勢で上半身を起こして、顔を九十度横へ向け、両手で腹部の上に器を抱え、膝を折り曲げた姿をしている。この器にとったばかりの心臓を入れて捧げる。神に捧げる最高の贈り物が人間の心臓だったとマルティンさん。

その理由をマルティンさんは、太陽信仰だと語る。太陽はアステカで最も重要な神であり、夜になると太陽は地下世界で闇と戦っていると考えられていたそうだ。その太陽に力を与えるために、生きたままの心臓を捧げた。

聖なる役目を果たした生け贄の頭部は祭壇の上に祀られる。アステカの骸骨は神に召された尊き者の象徴でもあるのだ。メキシコの人々の心の奥深くに刻まれた古の記憶。それこそがこの町にあふれる、あの骸骨なのかもしれない。骸骨のファッションが未だに消えない理由も、心のどこかにこういう信仰が入り込んでいるからだろうか。死の世界や神の世界への興味でそういうファッションをしている気がした。

隣接する博物館にも足を運ぶ。そこには生け贄となった頭蓋骨が置かれている。とてもきれいな状態で残っているのが印象的だった。中には鈍器で殴られたような痕跡もあった。

心臓を取り出していたナイフも展示されていた。心臓を取り出す時にナイフは肋骨の下から刺した。肋骨の下ということは横隔膜よりも上になる。ここから心臓に到達していたのはとても合理的な方法だったと思う。心臓があるうちからナイフを刺していたとしたら、肋骨が邪魔しない一番取り出しやすい方法だったろう。もし、もっと下から刺したとなれば肝臓が邪魔をするし、肺も寄せ集まってくる。だから肺と肺の間を一直線で心臓に向かう技術が当時あったというのは驚きだった。ご遺体の解剖助手の仕事で得た知識がこんなところで役立った――。

▲アステカ帝国のテンプロ・マヨール遺跡。1978年に発見され、現在も発掘調査が続けられるが全貌はまだ見えていないという。

▼アステカ帝国の神の使いチャックモールが持つ器には生け贄の心臓が入れられた。神への最高の贈り物が人間の心臓だった。

犠牲を信仰でふわっと包み込む

数多くの生け贄が捧げられた当時は、それだけ死ぬ人が多かったのだろう。天災や事故、飢饉など死への脅威が相重なって命を落とす人を目の当たりにしてきたのだと思う。だったら、自分たちが選んだ少ない生け贄を神に捧げて、多くの犠牲を救おうじゃないかという考えは、とても正当だった気がする。個人の願いが、太陽が昇って生活ができる、恵みをもらえる、それが第一であり、唯一のものだった。個人が潤いたい、人間関係がよくなりたいなどとは考えない世界では、自己犠牲的精神が生まれても不思議ではない。

犠牲を信仰でくるむような構造は、メキシコの教会の形にもトルティーヤにも表れている。生け贄の儀式もこの解釈で長い間続いていたのだろう。信仰のためだからというひと言ですべてをふわっと包み込む。野菜や肉をトルティーヤで包んで食べやすくするように。日本人から見れば解決には見えないが、メキシコの人々にとっては、それで一定の解決になっている。気持ちの落としどころがこの国の人々はとても似ているのだ。

テンプロ・マヨール遺跡には、今でも神聖な場所という認識が残り、何かあった時には祈りを捧げるために通う人もいるという。野蛮な行為だと非難されることもあるアステカの儀式について、メキシコの人たちは、当時の人々にとっては、生け贄は神に捧げられるという幸福な行為だったと、あくまでも昔のこととして受け入れている。通訳の話によれば心臓を捧げられることが名誉なことだったから生け贄になることが喜びだったことは理解できるが、今は自分の命を軽々しく誰かに捧げるようなことはないとのこと。呪いの儀式に生身の人間を捧げるというのはないが、動物を捧げることは今でもある。ただ、それは本当に切羽詰まった時の祈りに限定されるとも聞いた。やはり神様が血を好むというのがどこかに残っているのだろうか。

神に捧げられた生け贄の骸骨が聖なる死の象徴であることは、メキシコの人々が骸骨を近しいものと捉える背景のひとつだと思う。骸骨は聖なるものだけど、近いものにも感じている。家に仏壇や神棚を置くまではしないが、招き猫ならいいかなという気軽さがある、そんな感覚と似ていると思った。

振り返ってみると、太陽を神として、心臓と血液を捧げるということの関連性が本当にあるのかという点は未だに私は理解しきれていない。人間を生け贄にするということは、人が高等で高貴な知能の高い生き物だと理解しているからにほかならない。

一番高等で高貴な生き物である自分たち人間が最高級の神への捧げ物だというのをどこで気づき、解釈を得たのか——。そこには何かがあるのだろう。

3 ムシェ ～第三の性として生きる～

神に愛されしムシェ

メキシコシティから約七百キロ離れた町、フチタンに向かう。深夜に到着し、ムシェのお祭りに備える。ムシェとは身体は男性でありながらも女性の精神を持つ者の総称。男でも女でもないムシェと呼ばれる人々だ。五百年以上前から、この地で生きてきたという。現在、この町には二千人近いムシェが暮らしている。

フチタンは人口八万人の小さな町。サポテカ族と呼ばれる民族が独自の文化を守ってきた。アステカの時代、同性愛は特別なことではなかったが、征服者スペインは同性愛を禁止したため受難の時代がはじまった。しかし、メキシコシティから遠く離れたこの地域は、奇跡的に難を逃れ、今に至っているという。

フチタンは昔から女性が強い社会だ。女性が労働力の中核を成し、家を継ぐのは女性。成人式も女性にしかない。そのため母親に憧れた男性がムシェになっていったとも考えられている。ムシェの多くは両親の世話をしつつ針子や美容師など手に職をつけ、美意識も高くみなから信頼を寄せられていた。

神に愛されし人々、ムシェ。だが、メキシコは同性婚を合法化する州もあるものの、全部の州では認めていない。フチタンの外では差別もあるが、ここでは堂々とムシェとしての人生を謳歌できる。

この日は年に一度のムシェのお祭りだ。カトリックでは同性愛は罪深いものとされているが、この町では違う。フチタンでは世界で唯一同性愛を認める教会がある。彼女たちのためのミサがお祭りの前に行われるというのでお邪魔した。

『神を祝福し、教会に集った他人と違う生き方に目覚めた者たち。この者たちに主イエスへの恋慕をお許しください。神よ、祝福を与え、心に触れてください』

神父の話に耳を傾け彼女たちはイエス像を前に着飾って祈りを捧げる。

ミサの後は、ムシェの女王のお披露目のパレードだ。女王は容姿だけでなく、社会への貢献なども審査の対象となる。この日、ムシェたちは、美しい衣装を身にまとい町中を練り歩く。彼女たちにとって、一年に一度、最高の晴れ舞台だ。

母への憧れを生き方に投影

ムシェをひと言で言い表すのは難しい。恋愛対象は男性ではあるが、ムシェという生き物なのだ。ムシェという人、ムシェという人種としか言いようがない。私が知っている性的マイノリティの人々とは少し違う印象を受けた。土地についているフチタンの文化、ムシェなのだ。話し方は女性的で落ちついている印象が強く、女性でも男性でもない第三の性の人というよりは、私には「母」という言葉がしっくりきた。母に憧れ、母のように仕事をし、母のように家事をして、母のように生きている。結果として「母」っぽくなることがオールオーケーという意識がある。だから母の忍耐力や優しさみたいなものが、全面に出てくるのかもしれない。そういえば昔のおばあちゃんの化粧棚の匂いがするムシェもたくさんいたのを思い出した。

ムシェにはムシェのコミュニティがあり、その中で仕事をしたり、助け合うという絆が強く感じられた。彼女たちが集まると、仕事と彼氏の話になるようだ。

ムシェが抱える問題もたくさんあるという。フチタンの中では差別はほぼなく、恋愛を謳歌している人も確かにいる。一方で、好きな人がムシェとは付き合えないという人だったり、どうしても隠した恋愛しかできなかったり、恋人が自分のことをみんなに彼女とは紹介してくれないということもあるようだ。ケースバイケースではあるが、日陰の女感、諦め感が印象的で、何だか、お客に恋した銀座のホステスっぽいなと思った。

職業的にも美容師や針子など個の職人というムシェが多く、保育士やバーの経営者などはいるが、ビジネスパーソンや人を使う立場の仕事にはつきにくいという話も聞いた。まだ、そこから飛び超えるまでは至っていないのだろう。もちろんメキシコのお母さん自体が今そこまでの経済活動ができていないので、今は母親ができる仕事はムシェもできるという段階なのかもしれない。

ムシェのダリナさんのお宅にも招待された。彼女は当時三十歳。農業をしている両親と三人で暮らしている。洋裁で生計を立てる彼女の部屋にはミシンがあり、何でもこのミシンで作るという。頑張って働き、将来は自分の店を持ちたいと夢を語ってくれた。

彼女が自分が男性であることに違和感を覚えたのは十歳の頃。同じ年頃の女の子の服を着てみたいと思ったことがはじまりだそうだ。十六歳の時に家族にカミングアウトし、ムシェとして生きることを選んだ。五年前の二十五歳の時にはムシェのコンテストで女王にも輝いている。

だが、それまでの道のりは簡単なものではなかった。フチタンでも息子がムシェであることに、複雑な思いを抱える親が少なくない。最初は父親に反対され殴られたという。だが、母親の協力と理解がありムシェとして生きている。母親は、カミングアウトされた時も神に与えられた息子だから心を込めて抱きしめたという。そして、「今は本当に幸せよ。家を出て行くこともないし、ずっと家族と一緒にいられるからね」と語ってくれたが、インタビュー中に母親の背後のハンモックに横になりながら、何とも言えない表情で耳を傾ける父親の姿があった。

フチタン中からムシェが集まるパーティ

夜はパーティでおおいに盛り上がる。町外れの広場には、フチタン中のムシェが集まり、自慢の民族衣装で会場を彩る。ムシェのリーダー的存在であるフェリーナさんに夜のパーティ用にサポテカ族伝統の民族衣装をお借りした。母から娘へと代々受け継がれているものだが、はじめて見る衣装に心魅かれた。花を組み合わせるなど工夫された細かい刺繍が施された衣装だ。小学生の頃、手芸部だった私だが、こんなのできない……と思わず口にした。そして実際に着てみるととても重かった。

パーティではムシェも、そうでない人も一緒になって朝まで踊り明かす。今年のムシェの女王のショータイムもあった。今年の女王であるルビッチさんは、この日のために一年がかりで練習してきたという。〝レディー・ガガ感〟たっぷりの、衝撃的でド派手なショータイムに会場の熱気は最高潮に達する。

このパーティがムシェだけでなく、一般の人もさまざまな性的マイノリティの人々もすべて一緒に楽しめるというのはとても大きな意味がある。恋人がはっきり彼女だと紹介してくれないにしても、自分の個性に忠実に生きているその姿を堂々と表に出せる場が設けられているということなのだから。

ムシェにとって、フチタンの教会で認められていることが一番大きいことかもしれない。教会で認められれば、なぜ生まれてきたのか、なぜムシェになったのかと考えたり、思い悩んだりした時にでも、それは神がそう望んだからと解釈できる。それさえあれば、生きるのがすごく楽になるだろう。だからこそ、みんな自信を持ってお祭りにも行けるし、一般の人が参加していても気後れすることはない。その喜びを公の場で、お祭りとして分かち合い、発散できること自体が貴重なものなのだと感じた。

▲今年のムシェの女王・ルビッチさんのド派手で衝撃的なショータイム。パーティには町中のムシェが集まり朝まで踊り明かす。

▼伝統の民族衣装をまとってパーティ会場へ。東洋人が珍しかったのか、多くの人々に写真撮影をお願いされる。

年に一度でもムシェのためのお祭りがあるのなら、そのために生きられるのだろう。

人々が許し、許されていることを体感したくて、フチタン以外の性的マイノリティの人々も集まってくる。特に、差別を受けている性的マイノリティの人たちにとっては、フチタンの祭りの解放感は嬉しいものだろう。祭りには、みんなで楽しもうよという雰囲気が漂う。自分ももっと理解しなければと思うところがあった。受け入れるかどうかというのは少し置いておいても、理解している人というのは人を傷つけない。


きれいにしてもらい美しい民族衣装を着た東洋人が珍しかったのか、祭りの会場では多くの人に写真撮影を求められた。中には男性の格好をした女性の性的マイノリティの人もいて、ニコニコしながら肩まで手を回された。我が撮影クルー内では音声さんがムシェたちに異様にモテていた。フェリーナさんからは別れの挨拶がてら「私は今晩、音声さんと過ごすわ」と笑顔で言われたが、どうしただろうか。男性メイクさんもトイレ待ちの間、順番にムシェからのボディタッチに遭遇するという事件があり「いやー、びっくりした……」と困惑気味だった。

究極のエロス、ムシェ。匂い立つ色気にあてられた夜——。祭りの後はスタッフ全員がぐったりした夜だった。

女よりも女らしくあろうとするムシェの姿に「全力を出してやっと人並みですよ」という強い謙虚さと、それを補おうとする心の強さがある。彼女たちには性と情が織りなす妖しい雰囲気を感じた。

4 ジャングルの中の神々
～マヤ文明と万物に宿る神々～

雨の神への捧げもの

この国の死生観の源流はどこにあるのか――。

それを知りたくてアステカよりも、もっと古い文明の跡を追うことにした。メキシコの東部に位置するユカタン半島のメリダ地区。ここに紀元前五世紀頃から栄えたマヤ文明があった。マヤの時代、ここには大小八十の王国が存在していたと言われる。まだ発見されていない遺跡もあるとされ、全貌は今なお謎に包まれている。

ジャングルの奥深くで出会った遺跡。突然、宮殿が現れる。打ち捨てられたようなマヤの宮殿は、人気《ひとけ》もなく不思議な静けさに包まれていた。そこはかつてのサイール王家の宮殿だった。この宮殿を中心に百以上の建物があったという。宮殿にはチャックという雨の神様が祀られていた。この地区で人気の神だというが、雨の神・チャックのために多くの者が心臓を捧げてきたという犠牲の歴史もある。この国では雨の神にも太陽にも生け贄が必要だったことから、作物の出来や狩りに行けるかどうかなど天候の力は偉大で、先が読めないことに脅威を覚えていた背景がうかがえる。

ユカタン半島にはこうした遺跡が無数にある。建物のひとつに入ったところ、アブに刺されてしまう。みだりに入ろうとしたから罰があたったのだろうか。奥に進むとまた別の遺跡に出くわす。そこは神殿だったという。かつて王国があった場所は、今はすっかり一面森に覆われていた。

多くの遺跡が残るこの地には、古の暮らしが今も息づいている。メリダ地区から車で二時間ほど走った場所にある人口三千人のヤシュナ村を訪ねた。

ここにはマヤの末裔たちが暮らしているという。村を治めるシャーマンであるペドロさんにお会いした。彼はスペイン語が話せない。この村では、今なおマヤ語が使われているのだ。ペドロさんは何千年もの間守り続けてきたという、聖なる場所に案内してくれた。

そこには地下に向かって掘られたような泉があった。青く美しい泉。この泉には今も大地を守り、人々の魂を守る神々が住んでいると信じられている。マヤの時代には、ここに人間を投げ入れ生け贄を神に捧げていたと教えてくれた。

ジャングルにぽっかりと空いた穴。セノーテと呼ばれるこの泉は、川のないユカタン半島では昔から唯一の水源だ。そのため古代からマヤの人々は「聖なる泉」と崇めてきたのだろう。ペドロさんの話を裏づけるように泉の底からはマヤ時代の頭蓋骨が数多く発見されている。マヤの人々は命と引き換えに、神へ願いを伝えていたと考えられているのだ。

厳しい環境の中で生きてきた古代マヤ人。彼らは周りの自然や動物をはじめとするすべてのものに神が宿ると信じていた。干ばつや洪水にも度々見舞われたユカタン半島。ここではアステカの太陽とは違い、雨の神・チャックがもっとも大切だと考えられてきた。作物が育つように雨を降らせてほしいと祈り、あまり降りすぎると流されてしまうのでほどよくお願いしますと祈った。生け贄は雨の神・チャックへの捧げものだったのだ。

現在でも多くの村で、古くから伝わる雨乞いの儀式が行われているという。ペドロさんたちがその儀式を見せてくれた。儀式が行われるのは森の奥にある儀式場。木の葉と木でできた祭壇には、セノーテから汲んできた聖水とともに酒と生け贄が捧げられる。毎年、乾期の前に村人を集め、雨乞いの儀式を行うという。生け贄は鶏だった。かつては人間を捧げていたが、それは時を経て家畜へと変わっていった。

『聖霊の神よ、雨の神よ、これからあなたとつながり、お願いすることをお許しください。そのために大切な生け贄を捧げます。どうか雨を与えてください。鶏を神に捧げます』――そう言って、目の前で絶たれる命、血肉、出ていくであろう魂すべてが雨の神・チャックのためだという。

神に生かされている命なら……と、「返す命」がそこにあった。神に生かされた生け贄の命をまた神に返す。その行為を手伝うだけなのだ。そこには罪の意識やかわいそうだという思いはない。

生け贄――。それは時代を超え、受け継がれてきた祈りなのだろう。

ここではみんなが一緒に生かされているのだ。空気、水、木……すべてに宿っている何かを感じている。だから、自分の命も天から与えられたものであり、空気や水や木と同じようなもの。太陽あるいは神だったり、そういうものから与えられて私たちは生きている。みんな一緒なのだ。生き物に対して順位をつけない、自然に対して順位をつけないという姿が、死と自分との間に距離を置かない考え方の根本なのだと思った。

すべての命が平等だからこそ、神に捧げる生け贄が家畜などの人間以外の動物でも

ＯＫという解釈に移行していったのだと思う。私も動物も一緒だから、鶏を殺して捧げてもいいよね、人間を捧げたのと変わらないよねと。そこはアステカの太陽信仰とは違うところだった。太陽信仰では人間こそが最上級のものだと線引きをして、私たちと同じものを捧げなければと人間を神に捧げている。この線引きがマヤにはない。人間も鶏も一緒だから鶏にしていいですか、小さいし……と。

この小さいということは、生け贄が人間でなく鶏やウサギ、山羊などの動物になっていったことにかなり大きく関係しているのではないかと想像する。人間を生け贄にするのは野蛮な行為で無慈悲だからということで回避したのではなく、大きさに関係しているということだ。人間までの大きさになると生け贄にするために、処刑し心臓を取り出すなどの処理は、かなりの重労働だ。

仕事で解剖助手などをした経験からすると、成人の解剖は本当に大変な作業となる。子どものご遺体でもかなり厳しい。まず重い。臓器はたくさんあるし……。マヤの人々も心のどこかで「大変だよね？」と思うはずだ。逆に言えば、そこに物理的な大変さ、重労働を感じないのは難しい。私なら絶対に比べたと断言する。この地の人々も次第に人間以外の動物であれば「楽じゃん」と気づいたのではないだろうか。案外、そういう単純な歴史だと私は思うのだ。

▲ユカタン半島のヤシュナ村にはマヤの末裔たちが暮らす。古くから伝わる雨乞いの儀式に使われる木の葉と木でできた祭壇。

▼雨乞いの儀式には鶏を生け贄として捧げる。かつては人間を捧げていたが、時を経て家畜へと変わっていったという。

風を操るシャーマン

ユカタン半島を拠点に活躍し、風を操ることができるというシャーマン、ホセ・ク・エスカミージャさんにもお会いした。彼はシャーマンが多いこの地域でも第一人者として名高い人物として知られ、神が棲む洞窟で先祖から続く儀式を行い神と交信できるとも聞いた。ホセさんに神が棲む洞窟に案内してもらった。

マヤ時代、洞窟は死の世界に続く神聖な場所だと信じられていた。洞窟内は思ったより広く、空気は澄み渡り、少しひんやりと感じた。聖水を額や胸につけ、神の棲家に立ち入る許しを得る。入口から二百メートルほど歩くと、広い空間に出た。ここは天井が高く広いために神に捧げる特別な場所、神の家だ。中央に祀られているのはジャガーの神。マヤ時代、ジャガーは闇の世界を司る神だと考えられていたのだ。

洞窟のエネルギーを感じられるからと、ホセさんから太陽や月など自然の力が宿るという首飾りを渡され、つけてみた。すると突然、目が回るように感じた。ホセさん曰く、大地のエネルギーが身体の中を行ったり来たりしているのだとか。信じる信じないを棄て、魂をあの穴蔵に預ける気持ちで臨んだ結果、眩暈がした。魂がくるりと回転したのか、はたまた酸欠だったのか……。

　さらに百メートルほど進んだ場所で彼が祈りはじめた。ここで風を起こすという。それまで風はまったく吹いていなかったのだが、突然、風を感じた。それはなぜだか、今もわからない……。

　ここでは水と風は人々の身体や魂を浄化するとされている。マヤの人々は大地を愛する非常に平和な人々だった。命を愛し、自然を愛する。彼らはその伝統を受け継いでいるのだとホセさんは教えてくれた。洞窟を巡りながら彼の力に触れた。見えない手で押されているような感覚があった。


　自分の霊感はほぼないと思っているのだが、私以上に今回のクルー全員が霊感にかんしてはほぼゼロだった。みんな何かを感じるといった様子は一切なく、どんどん洞窟の奥へ奥へと進んでいく。誰かひとりでも「ここにいちゃいけない！」などと言い出すと、いやいや、ロケはじまってるから、となると思うが、そんな心配は無用だった。みんな逞しくて何よりだ。ただひとり、スピリチュアル好きのメイクさんが、神聖な場所に来られたことを大変ありがたがって、気がつくとあちらこちらで手を合わせていた。

神と精霊と人間との関係性

神は万物に宿るという日本の考え方があるが、メキシコの人々の方が一つひとつの神の存在が大きく、神に対する親近感というものはなかった。常にさまざまなところに宿る神に生け贄、あるいはお供えをして、お願いをする。日本の場合は、拝み、その場をきれいにする程度のものだろう。もし急須の神様がいたなら、何か生け贄、お供えをといっても、どうすりゃいいのさと思ってしまう。

日本人は、万物に神を感じて認識することが神に対する敬意で、そのもの自体を大切にすることが崇拝につながっている。その点を考えれば、どちらかと言えば、長い年月を経た道具などに神や精霊などが宿ったものとされる付喪神《つくもがみ》に落としどころがあるのではと思った。

似ているようにも感じるが、メキシコの方がそれぞれに深刻に神感を覚えている。神は近しいものだが、超えられない一線が明確に存在する。捧げ物、祈りの言葉、みんなで集うといった三点、四点セットが必須という感じだろうか。

精霊は神とは違うものでいくつかの解釈があると聞いた。人と神の間の使者という解釈と、神とは切り離された人とのつながりを持つ特別なものという解釈。後者は人とはつながっているけれども、また神とは違う恵みをもたらしてくれるものということだ。精霊はあちこちに宿り、使役といってお願いすることで動いてもらえるイメージが強い。神には動いてもらうことは難しくても精霊の力を借りて人が何かするということは可能という解釈だろう。

マヤに関しては、精霊との関係が強く、精霊の力を借りるために精霊に祈る。ただ、メキシコシティの呪いの市場では、精霊の話は聞かなかった。精霊に使役としてお願いするのではなく、人が呪術や魔女の力で呪いを解いたり、外したり、あるいはかけたりできるというのが呪いの市場での考え方だ。本来、シャーマンと魔女は違うのだろうが、メキシコシティでは魔女はシャーマン的な存在なのだろう。この国では神と精霊と人間の役割みたいなものが複雑に絡み合っていた。

メキシコの人々の死生観の源流を求めて、ユカタン半島のマヤのメリダ地区の痕跡を追った。個人的にはアステカは既に歴史となっている印象が強く、朽ちてしまった今はなき遺跡のように感じた。一方ヤシュナ村では、土地に根付き、今なお受け継がれているものがあり、マヤの末裔が守り続ける儀式などからもより神聖なものを感じることができた。

5 祈りと信仰

～困難を受け入れ、死を敬いながら生きる～

同じ姿に身を変えた褐色のマリア

かつてこの国に起きた奇跡。それは今も人々の篤い信仰を集めている。

メキシコシティに戻り、夕方から、グアダルーペ寺院の「褐色の聖母マリア」を見に行く。褐色の肌に黒い髪、この地に暮らす人々と同じ姿に身を変えたマリアが突然現れたという。これは、カトリック教会が公認する聖母の出現譚のひとつだ。マリアの肖像画は、メキシコの人々に神と共通点があることを匂わせ、信仰の助長としていたようだ。

褐色のマリアは、この国を象徴するもののひとつなのだろう。信仰の象徴であり、国そのものの歴史の象徴でもある。人々に敬愛されるとても大事な存在であることが感じられた。国内だけでなく、南アメリカの巡礼者が集まる場所でもあるという。彼らは、ここに集うための努力をしていた。褐色のマリアのレプリカの前にも多くの人々が集まる。マリアにダイレクトに触れて近くに感じることは、人々に喜びを与えていた。教会に足を運び神父の説教を聞き、自分たちと似ている姿の聖母マリアに触れることができた喜びを感じているのだろう。人々は祈り、跪く……。そういう人々を大勢見ることができた。

実際の褐色のマリアはもちろん真っ白い肌ではなかったが、褐色っぽいという感じだった。マネージャーが「ただ汚れてるだけじゃ……」などと不遜なことを言うので、いやいやいや……と即座に否定しておいた。

信者として命を捧げるがごとく、自分ができる限りのことをしたいという気持ちからだろうか、中には神聖な姿を前に、教会の中心まで石畳の参道で膝をつき歩む人もいる。自らに苦行を課し、褐色のマリアに祈りを捧げる。日本であれば巡礼するぞという覚悟や、それ相応のいでたちで臨むだろう。だがここでは本当に普通の人々がカジュアルなスタイルで苦行を行っていた。

人々はそれぞれの思いを抱え、この地にやって来る。家族に手を引かれながら膝をつき、必死に参道を歩む女性に話を聞くと、上の息子が一週間前に誘拐されたという。

彼女は息子が見つかるまで膝をつきながら、ここで祈りを捧げ続けた。息子が見つかったら必ずまた来ると約束をしながら祈ったと語る。幸いにも息子は発見されたということで、今回は感謝と約束を果たす意味で祈りを捧げに来たのだという。

訪れた日は、空模様もあやうい平日だったが、多くの人々が祈りを捧げていた。それでも「週末はこんなものじゃない」とガイドは教えてくれた。観光客が気軽に訪れるというよりも、カトリック信者の巡礼感が強い場所で、神聖で重さを感じる空気が漂っていた。

祈りを捧げ、神を信仰する。それはメキシコの人々にとって欠くことのできない営みなのだ。ただ、祈りを捧げて庇護を乞うことに苦痛は必要なのだろうか。神は苦痛を求めているのだろうかとも感じた。

受け入れがたい現実を受け入れるための祈り

メキシコには誘拐などの犯罪も多く、貧富の差が激しい階級社会でもある。人々が暮らす環境には受け入れがたい現実が数多く存在しているからこそ、祈りが必要なのだろう。祈ることで、自分が生きている、周りに大切な家族がいることを実感できる

自分一人の体ではないという気持ちが
祈りを大切にする理由の一つだろう。

▲褐色のマリアのレプリカの前でさえ多くの信者が集まる。マリアに触れ近くに感じることが人々に喜びを与えている。

▼家族に支えられながら膝をつき参道を進む女性。誘拐された子どもの無事を感謝し、祈りを捧げ続けていた。

のではないかと思った。信仰が篤い国は家族の絆が強いイメージがあるが、この国では、家族が離れてしまうことが命にかかわる、集団でいなければ危険だという現実が根底にあるのだろう。祈ることで、どうにもならないことからちょっと距離を置き、祈ることで、家族の絆を強める人々。

彼らは、今日を生きるために祈り、未来を生きる子どもたちのために祈ることに重きを置いている。そして、神に感謝するために、神に助けを求めるために、神に悩みを打ち明けるために、祈るのだ。

神を通じて故人の気配を感じられる人々。自分ひとりの身体ではない……という気持ちが祈りを大切にする理由のひとつだろう。だからこそ性愛や家族愛を日本よりも強く表現するように見えた。メキシコは、信仰と性愛の熱量が比例していた国なのかもしれない。

メトロポリタン大聖堂の屋上に上がり鐘楼で鐘をつかせてもらった。教会の鐘の音をメキシコの人たちは神の声の代わりだという。鐘の音と共に「ごはんだよー」と言ったら更に集まるのだろうか——。

メキシコでの死とエロスを巡る旅――。

この国の人たちは長い歴史の中で、神の姿が変わっても祈りをやめなかった。メキシコではいつの時代も死が間近にあった。生け贄を捧げたマヤ・アステカ。征服者スペイン人の侵略、不条理な死、避けがたい苦難……。それを受け入れるために人々は祈り続けているのかもしれない。

メキシコにも日本にも死後の世界という考えはある。だが、今の日本では、有り余る情報や充実しすぎている物などが、死への意識から私たちをちょっと遠ざけているのかもしれない。メキシコの人たちが考える死に触れて、あらためて死を敬いながら生きることの大切さを自覚させられた。

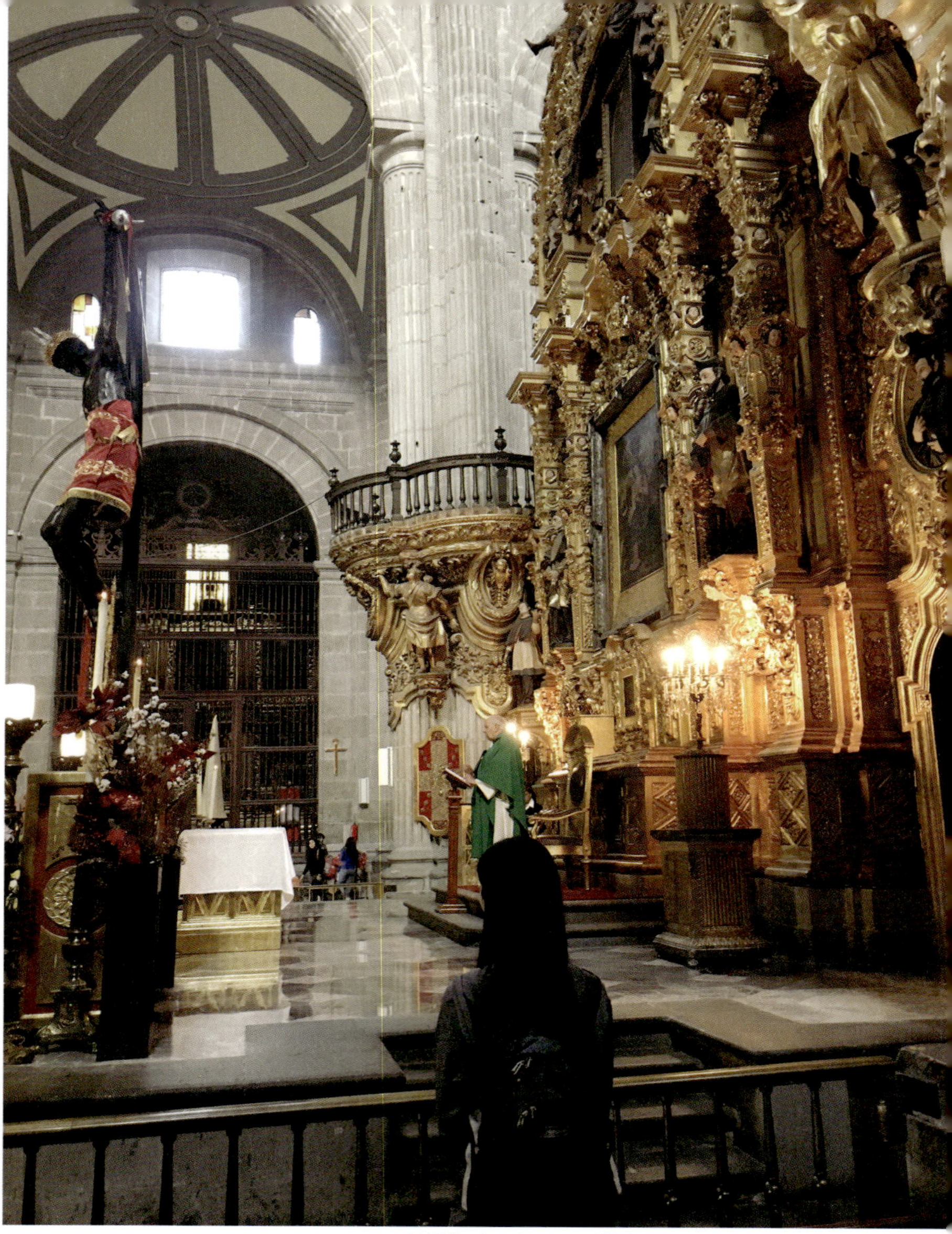

▲礼拝堂でミサをしている様子を見せてもらう。あまりの広さにキョロキョロ。荘厳なムードの中、神父の声がよく響く。みなここで祈ることが普通のようだった。

旅の合間に ～メキシコ

▲11月は乾季。寒暖の差はあるが比較的過ごしやすい。

▲ムシェの人々が通う白を基調とした教会の外観。

▲ムシェからドレスを借りてパーティへ。刺繍が素晴らしかった。

▲土産店には、さまざまなマリア像が置かれていた。

▲壁に描かれたカラフルな絵や文字はあちこちで目にした。

▼ジャングルの奥深くで出会ったサイール王国の宮殿の前で記念撮影。

旅の合間に 〜メキシコ

▲セノーテに設置された下まで降りることができるはしご。せっかくなので、ひとりでゆっくりと降りてみることに。思った以上に深かった。

プロデューサーメモ

NHKエンタープライズ　エグゼクティブプロデューサー
河瀬大作

旅に出かける時、壇蜜さんのスーツケースには、お土産がパンパンに詰まっています。これから出会うことになる現地の人たちへのお土産。ジャパネスクな手ぬぐいだったり、日本のチョコレートだったり、その国の人が喜んでくれそうなものをリサーチし、大量のお土産を自分で買って持ってくるのです。ロケ中は、ビニールのエコバッグにそれを詰めて持っており、そのつどお世話になった方たちに配って回っています。自分でお土産を持ってくるタレントってほかにはあんまりいないと思います。その意味においては、あんまりタレントっぽくないのかもしれません。

街を歩いたり、きれいな景色を見ても、必要以上にリアクションをとらないし、現地のグルメを食べたりした時、「うっわー、おいしいぃぃ」とか絶対に言わないです。もちろん仕事としてやっているんですけど、〝お仕事〟じゃないっていうか、『死とエロスの旅』の壇蜜さんは実に自然体なんですよね。でもそれこそがこのシリーズの魅力であり、長く支持されている理由なのかもしれません。

第3章

タイ

タイ王国
ราชอาณาจักรไทย

この国では、人はいつでも祈っている。
老いも若きも、時を問わず、一心不乱に何かを祈る。
誰もが、ありのままの自分を受け入れ、生を謳歌する。
そして、生と背中合わせの死を見つめることを恐れず、
徳を積むことを忘れない——。

タイ王国

面積　51万4,000平方キロメートル（日本の約1.4倍）

人口　6,572万人（2015年、タイ国勢調査）

首都　バンコク

民族　大多数がタイ族。その他華人、マレー族など

言語　タイ語

宗教　仏教　(94%)、イスラム教（5%）

通貨　バーツ
1ドル=約24.25バーツ（2015年平均）

識字率　92.87%（2016年、世界銀行）

政体　立憲君主制

在留邦人数　70,337人（2016年10月現在）

タ　イ

ราชอาณาจักรไทย

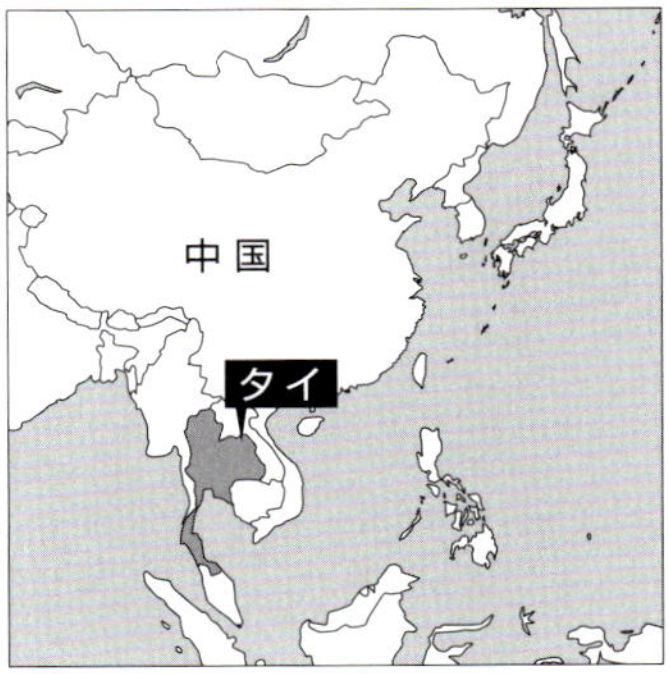

▲ワット・ムアン寺院には、幅62メートル、高さ93メートルの巨大仏像がある。取材当時は金色に塗られている最中だった。

▲早朝から托鉢する僧侶。人々が食べ物やお菓子を僧侶にお布施して祈る姿は、バンコクでは日常の風景となっている。

▶アーントーン県のワット・ムアン寺院に隣接する公園には、地獄を具現化したテーマパークがある。「こういう悪行をすると、地獄に堕ちてこういう姿になる」という究極の因果応報の世界。子どもたちへのダイレクトな見せしめの意味も持つ。

死とエロスの旅

死後に広がる世界

▼動物を殺生するのは避けられないが、徳を積まずに放置していると、地獄では殺した動物の頭になってしまうらしい。

▲チェンマイにある少数民族の暮らしを再現したテーマパークで出会ったカレン族の20歳の女性。

▼最も首の長い74歳の最長老の金属製の輪は重さが5キロ以上あるという。輪は5歳ぐらいからつけはじめる。

隣り合わせの生と死

▲ホワイトカレン族では葬式の時に男性が女性を口説く習わしがある。未婚女性の衣装を着て、出会いの場面を再現。

▼象はホワイトカレン族にとって家族同様の存在。象に餌をやり、背に乗り、生臭い象汁たっぷりのキスも受けた。

▲性的マイノリティの人々が暮らしの中に溶け込むタイ。毎夜、バンコクのどこかで行われるという華やかなニューハーフショー。彼女たちは、自分の生き方を自ら選び、堂々と生きている。

▼男性に生まれながらも、姿、形まで女性になりたいと思う人々をレディーボーイと呼ぶ。テクノロジーランナー ポリテクニック大学の性的マイノリティの学生たちは、明るく元気な笑顔を見せてくれた。

ありのままに生きる

▲テクノロジーランナー　ポリテクニック大学の第2女子トイレ。そのプレートは、男子トイレと女子トイレのふたつを組み合わせて作られている。

▼大学内で性的マイノリティの学生に集まってもらい記念撮影。集まった全員が入学前には多くの差別や嫌な思いを経験していた。

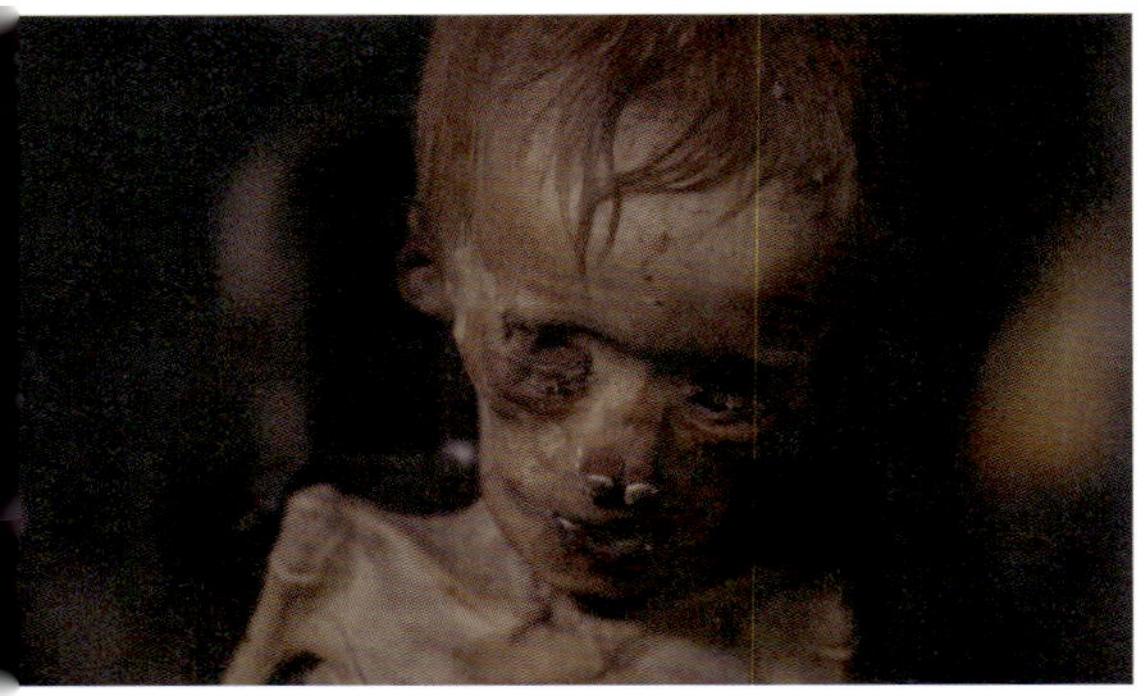

◀病院施設に隣接する「ミイラ博物館」。このミイラは、エイズの母子感染によって亡くなった子どもだという。

▶プラバートナムプ寺院の一隅にある世界中からのお布施によって運営されるHIVキャリアやエイズ患者のための病院施設。病棟やリハビリセンター、看護師やボランティアの宿舎などがある。やって来る患者はすべて受け入れている。

死とエロスの旅

生と死のはざまで

▼横たわる女性のミイラ。これらは本人の生前の意思により献体された。エイズの恐ろしさをもの言わぬ姿で伝える。

1 死後に広がる世界 〜過去世・現世・来世〜

一度奪った命は、ありがたくいただく

死とエロスを巡る旅——。

最後の三か国目は微笑みの国・タイ。二〇一八年十一月、成田からの直行便で向かい、十六時に首都・バンコクに到着した。

さっそく、タイの代表的な乗り物、トゥクトゥクに乗って街に出た。道路にはバイクの大群が押し寄せる。この喧騒の国で一週間、五感に響いたものすべてを心に書き留めながら、人生の大切な何かを探してみた。

到着が夕方だったこともあり、街全体に黄色いネオンが瞬き、少々青臭いにおいが広がる。メロンやパイナップル、ザクロなどの果物やパパイヤの香りが混じり合った

ものだろうか。東京の板橋区にある大山商店街・ハッピーロードを彷彿とさせる通りで、おもしろいものを見つけた。この国に抱き枕は欠かせないのかと思わせるほどラインナップ豊富な店で、店頭の一番いい場所を占拠する抱き枕たち。みんな寂しいのだろうか……。

ちょうど夕食の時間だった。街に立ち並ぶ屋台には、ひと口食べれば虜になりそうなタイフードがあふれていた。屋台に入りタイでの初ご飯をいただく。パクチーとチャーシューが山盛りの汁なし麺を食べたのだが、麺自体に味があり甘辛かった。この国の人々は甘辛味が好きなのだろう。スタッフが頼んだ汁ありの麺もちょっと味見すると、スープはなぜかおでんの味がする。味付けも実におおらかだった。

タイは敬虔な仏教徒の国。無益な殺生をタブーとするからか、道端の犬も猫も自由を謳歌しているように見えた。犬は街のあちこちで見かけた。何かの骨を奪い合う犬たちは、カジュアルに骨をかじる。無益な殺生はタブーとはいえ、一度奪った命はありがたくいただくようだ。通りかかった屋台には、我が家のペットであるナマズが塩焼きとなって並んでいる。ここに来ればあの子は食べ物になってしまうのだ……。ナマズは美味しそうにこんがりと焼けていた。

翌日飲んだスープは極めつきだった。豚の内臓のあらゆる部位を煮込んだもので、脳みそまで入っている。効能を聞くとインポに効くとか。私が食べたらどうなってしまうのだろうと店員に問うとすかさず、妊娠中の胎内の子どもが賢くなるという言い伝えもあると言われる。残念ながらインポも妊娠もまったく縁がない。独身女性への効能は何かないのかと思いつつ、飲んだスープはコクがあり、脳みそは白子のような味がした。殺生をタブーとする国の脳みそスープ、強烈だ。まさにカオス――。

屋台はたくさんあり、夜遅くまで商売をしているのだが、衛生面と肝炎感染の心配もあるからというコーディネーターの指示で、残念ながらあまり食べることはできなかった。彼女からの注意事項には、レストランで食事をしても香辛料、ニンニクなどで少しお腹がゆるくなりがちなので下痢止めは持参するように、タイで売られている強力な下痢止めは念のため用意しておくと書かれていた。

屋台が並ぶ通りにも、人々の祈りの場があった。タイには仏教のほかにもヒンドゥー教の神・象の頭を持つガネーシャをはじめ、さまざまな祈りのパワースポットがあり、街のあちこちで熱心に祈りを捧げる人々の姿が見受けられた。

丁寧に生きることは徳を積むこと

夜明け前のタイは托鉢する僧侶の姿から一日がはじまる。この国では僧侶は一年中、同じ法衣を身につけ托鉢は裸足で行うという。人々は夜明け前にもかかわらず、僧侶を待ち受け、食べ物や飲み物をお布施して祈る。誰かのために何かを差し出し、祈ることをこの国では「徳を積む」と言う。この言葉は、今回の旅の多くの場面で耳にすることになった。

托鉢の僧侶のために食事やお菓子などをたくさん買い込む人も多いと聞いた。差し出し、祈る時間を大事にしているのだろう。僧侶たちは持ちきれないほどの食べ物を渡されるという。それは托鉢で得たものが、僧侶たちのその日一日の食事のすべてと知っているからだ。たくさんの施しをすることで、その施しがめぐりめぐって自分のためになる……タイの人々はそう信じているのだ。このあたりは日本と違ってお布施が現物主義なのだと感じた。

タイの寺と人々の関係は近い。多くの男性が人生で一度は出家して修行を積むとされ、特別なことではない。子どもの頃からオレンジの僧侶の袈裟を着て、徳を積む教えを受けるなど寺で修行する機会も多い。そういえばタムルアン洞窟から救出されたサッカーチームの少年たちが十一日間の出家修行をし、救出活動中に亡くなったダイバーを追悼したというニュースもあった。親たちは子どもたちが修行に参加し、お坊さんとしての使命を果たす姿を見て感動しているようだった。夏休みに出家し托鉢などさまざまな修行を積む子どもたちも多いと聞いた。

高野山で修行し、八か月前からタイで修行を積む僧侶・小川大勇さんにお会いした。彼はタイで亡くなった日本人の遺骨を安置する日本人納骨堂守でもある。

早朝から徳を積む行為にどんな意味があるのか尋ねると、過去世に自分が行った行為によって、今こうして私たちは人として生活することができる。またこの現世でよい行いをすることによって、来世につながる。来世はよりよく、幸せな人生を歩むことができるということを大前提にしていて、未来を考えて現世でよい行いをするのがタイの人々の考え方だと教えてくれた。

「死が完全なる自分の終わりではない」という精神がこの国にはある。死んだ後にも新たな人生があり、その次の生き方をよりよくするために今があるとタイの人々は考えているようだ。

ただ、タイでは生まれ変わることを信じているがゆえに、すぐに生まれ変わっちゃえばいいじゃん、と今の世を諦めがちな部分も少し感じた。前世でいい行いをしてきたから今たまたま人間なだけなのだ。現世で今生きていても来世に持ち越すような何かいいことはできそうもないし、今もしんどい。じゃあ、今しんどくて悪事を繰り返すことになるよりは、命を今絶つことで生まれ変わった方がいいのではないか……、そんな解釈もあるらしい。彼らは死を恐れているようには感じなかったのだ。

徳を積むというと、私はどうしてもよいこと、プラスのこと、ためになることをしなければいけないと思っていた。だがタイの人々の姿を目の当たりにした時、当たり前に丁寧に生きることが徳を積むことにつながるのだと感じた。当たり前に丁寧に生きていると、周りに目を配れるようになり、それが結果として自分よりも他人の気持ちを理解し優先することができるようになる。ベースはそんなにあくせくしないで、ゆっくり暮らすことが大切なのではないだろうか。徳を積む行為は、そこにつながるのではないかと思った。

二十代という若さの小川師がタイに渡り日々修行を積んでいる。誰かの話を聞いて導くことも自分の徳につながるという思いがある。与えられた自分の使命をまっとうする気持ちは、日本の僧侶もタイの僧侶も変わらない。人のために話を聞き導くということが、自分にできる仕事だからと語ってくれた。

夜、ファイクアンのナイトマーケット。占いの広場では占い師の前に女性たちの行列ができていた。順番を待つ女性は、好きな人がいるので恋愛について占ってもらうという。もしダメと言われたらどうすると意地悪な質問をすると、別のもっといい人に出会えばいいと。その手があったか……。私も見てもらうと「その男と別れたのは英断だった」と占い師。すごい、当たった……。

占いの広場で奇妙な商売の人に出会った。小さなスズメが入っているカゴがいくつも置かれている。鳥占いかと聞くと違うらしい。通訳曰く、スズメを捕まえてきた悪い商売人にお金を払い、スズメを解放してあげることで自分の罪を解放する、要は放《ほう》生会《じょうえ》と同じ意味だという。商売人は鳥を捕まえてきた悪いヤツという設定らしい。商売人はあえて悪人を演じることで徳を積むことになるのだとか。悪人になって、「このスズメがどうなってもいいのか」と街行く人々に鳥をちらつかせるわけだ。これが徳を積む行為のひとつになる……のだろう。道行く女性が足を止めてカゴを買い、スズメを夜空に放ってやったのを見ていた。

罪がひとつ夜空に消えていく——。

▲若き僧侶・小川大勇さん。タイでは来世でよりよい幸せな人生を歩むことができることを大前提にしていると教えてくれた。

▼ちょっと変わった路上の商売。カゴに入ったスズメを買い、逃がしてやることで、自分の罪を解放するという。

地獄を具現化したテーマパーク

私にはどんな次の世界が待っているのだろう——。

人が死んだ後に広がる世界。それをリアルに見せてくれる不思議な寺院、ワット・ムアンに向かった。アユタヤに隣接するアーントーン県にある寺院の境内には幅六十二メートル、高さ九十三メートルという黄金の巨大仏像がある。取材当時、大仏さまはエステ中。金色に塗るための作業が行われ、全貌はわからなかったが「すごいな、こんなに大きいんだ」と思わず目を見張った。

目的の死後の世界は、修復中の大仏の隣にあった。「ここが地獄の入口です」と案内されたのは、地獄の世界を具現化したいわば地獄のテーマパークだ。

入口では舌の長い人形が出迎えてくれた。まずは前世で悪いことをした人が大鍋でグツグツ煮込まれるという様子を再現した人形たちを見る。どんな悪いことをしたのかと聞くと、嘘をつく、人のものを盗む、酒を飲んで暴れるといった悪行を挙げてくれた。今の時点で私は嘘をついたことがあるので鍋に入らなきゃいけない感じだが、大丈夫だろうか……。

タイには、ここ以外にもこうした公園がいくつもあり来園者は後を絶たないという。前世で徳を積んだ人は、菩薩のもとで安寧に暮らし、悪行を重ねた人は地獄に堕とされる。

前世で誰かの首を切って殺した人はノコギリで裂かれ、お金を盗むと一生金庫を背負わされる。つまりは究極の因果応報の世界。シンプルだ。

園内には子どもたちも訪れるが、この地獄、彼らにはさすがにキツいようで真顔で逃げ出す子もいた。なまはげ式だ。

秋田出身の私は「泣く子はいねぇが！」のなまはげに、やったらやられるといった善悪の基準を幼心に教わった。なまはげは子どもがかわいそうな行事ではない。それだけ怠けてしまう、怠惰になってしまう誘いは強力だから、なまはげをもってして追っ払わなければ誘惑に負けてしまうということだ。人を殺めたり、人を騙したりといった「やっちゃえよ！」という誘惑はそれだけ強力でしつこいのだと思う。だからなまはげに遭遇して子どもが泣いたり、逃げ惑う姿に「かわいそう」とか「怖がってるじゃん」といった慈悲はいらないと思うのだ。今ある風習や行事は意味があるから残ったものだ。人の意思や風潮ですぐに変えたりなくしたりしてはいけない気がする。だんだん変わっていくのは仕方ないが、急に廃止というのはちょっと違うのではないだろうか。

小さい頃から悪いことをしたらこうなるよ的なテーマパークを見せることで、こういうことをしたらいけないし、徳を積みなさいという教えになり、ダイレクトな見せしめにもなる。子どもたちはきっと忘れない。

頭が動物に変わった人たちが僧侶に命乞いをする人形があった。人は生きる限りにおいて殺生は避けられないが、動物を殺生すると地獄では殺した動物の頭になってしまうらしい。バンコクの屋台でナマズを串焼きにしていた人が心配になり案内してくれた人に聞いてみたが、例外はないとのこと。魚を売っている人はちゃんと徳を積まないと間違いなくこういう姿になると断言された。かわいそうに……。何とかならないかと食い下がるも「現世で徳を積んでください」と繰り返された。第二の人生が頭が魚の姿では、さすがにちょっとしんどいかもしれない。

人は食べずには生きられない。そのために生き物を殺める。殺生が避けられないのが罪だとするなら、罪を背負って人は生まれてきたのだろう。生きていること自体が罪だからこそ、人々は祈りを捧げるのだろうか。殺生しないでも生きることが成り立っているビーガンやベジタリアンはある意味幸せなのだろう。殺生しないですむ人は恵まれていると思う。ただ、生きる上ではなにかと大変だろうとも感じる。

地獄のテーマパークは個人的にはおもしろかったが、死んで地獄に堕ちるとあんな姿になって、個性もなく、もう人でもなくみんな同じような姿になるのだと改めて考えてしまった。痩せ衰えた身体に布一枚巻いた姿で責め苦を受けるのだから……。

嘘をつくなど軽い悪事のひとつやふたつは誰でもやっているもの。だが、悪いことをしっ放しにして徳を積まないでいると、こうなるよという戒めなのだろう。ただ、どれだけ徳を積めば免れるのかがわからない。それは何か悪いことをしても徳さえ積めば大丈夫と安心をさせないために、わざと基準をぼかしているのだろうと理解した。

過去世・現世・来世

私自身は輪廻転生、生まれ変わりを信じ切れていない。今ここにいるのは前世でよい行いをしたからというのは信じられる。だが、今の自分の行いがいいとは決して言い切れない部分があるので、今が来世につながるというのはちょっと信じたくない。輪廻転生があるから何か不思議なことが起こることもあるとも思うが、死んだら終わりと思う部分もある。だから、生まれ変わるのだから今死んでしまってもいいやとも思わない。転生が誰目線の判断なのかというのがわからないのが怖いのだ。結局、その目線によって、その人のいい面、悪い面が変わってくる不平等感がある。

ただ、自分で来世を選べないこと、輪廻転生は確実にできるとは限らないことが自分で命を絶つことの抑止力にはなっていると感じる。

死にたいとはっきり感じたことはないが、いなくなりたいと思ったことはある。いなくなったらどうなるのか、何もなくなるのかなと想像していた。多分それが死を感じる一歩手前だったのだろう。別の場所に逃避するのではなく無にしたい気持ち。自分の存在がなければいいのにという気持ち。学生時代、まだまだ大人になり切れていない頃だった。

死を感じたとしても生まれ変われるかどうかの確信もないし、死んだらなくなってしまうかもしれない。だから死んでもいいかどうかの結論が出なかった。死んで、自分の思い通りの転生ができればいいが、選べないのであれば何か損をするだろうなと想像ができて「やーめたっ」というのが最終的な答えだった。

成人直後ぐらいの頃には、別の人になりたいと思ったこともある。もう少しできのいい人になりたかったのだ。頭のできもそうだが、勉強のやり方がすぐに理解できるような人になりたかった。ペースが遅い私は何をするにもなかなかついていけない。物事をざっと流して見るのが難しく、ペースが遅くとも一つひとつ理解したいタイプだったのだろう。大人になってみれば、どちらがいいのかわからないとも感じるのだが……。

ペースが遅いのは自覚していた。日本の教育では待ってくれないし、たとえ先に行っても、それはそれで目をつけられて足並みそろえることを強要されることが多いと感じる。ペースが遅く足並みを乱す私は学校でよく怒られた。

その点タイでは、人のために生き、徳を積むということで足並みは関係なくなっている分、自由に生きられる気がする。

2 隣り合わせの生と死
～死の現場を見届ける～

死が身近にある日常

タイは、死が日常の隣にある国だ。交通事故の死者の数は世界でも上位に入るほど多い。その事故処理にも寺が関わっていると聞き、寺が作ったレスキュー隊の詰め所を訪れた。警察、消防など行政の手が足りない部分を民間の寺が慈善事業で賄っているという。隊員たちは、ありとあらゆる事故現場に出向き、凄惨な人の死にも立ち会ってきた。

その現場で彼らは何を感じているのか、隊員のジラポン・コーセーマーさん、通称ギフトさんに話を聞くことができた。彼女は緊急電話を受けるコールセンターに勤務しているが、あえて現場に出るようにしているという。人手が足りない時は休日を使い週に一度は現場に出ていると話す。休みの日も現場という言葉に驚いた。

現場検証のために撮影された写真を見せてくれた。そこには生々しい死が写し出されている。死後三、四日経ったご遺体の写真もあれば、自動車にはねられ即死だったという写真もあり、そのご遺体は骨が折れているのが肉眼でもわかり、頭からは大量出血もしていたという。それがどれほど凄惨な現場であっても、彼女は人の死に立ち会うことに恐れを感じないという。

私が解剖の仕事をしていた当時、助手は女性が多かった。法医の先生から男性は立ち会い中に倒れることもあり、女性の方が強いという話を聞いたこともある。ギフトさんにそのことを話すと、タイでも同じだと教えてくれた。警察官がご遺体を検分する際、あまりに損壊が激しいと新人の男性などは、外で待っているから適当に処理してと言うこともあるという。

解剖の助手をしている時、ご遺体に敬意を持って接していながらも、仕事はしなくてはいけないため「人は肉だ」と、部分部分で解釈して受け入れていた。これが男性より女性の方が早くできるのではないだろうか。そう解釈できた人が長く続く世界だと感じた。自分たちと同じ形をしているけれど、命はそこにない。そう解釈することで一線を引かなければ続けられない仕事なのだ。だが、男性はどうしても「これが自分だったら」などと考える傾向が強いのではないかと思う。これが助手に女性が多い理由のひとつかもしれない。

ご遺体に接する機会の多い場所にいると、人が死ぬことが身近になり、命の儚さをいつも感じるというギフトさん。事故現場では今の今まで自分と会話をしていた人が、ほんの五分目を離しただけで亡くなることも決してめずらしいことではないと教えてくれた。


タイでは死体に対する抵抗感は薄い。この国には死体ばかりを掲載した雑誌まであるという。テレビでも死体を映しているのが印象的だった。死体そのものに抵抗がないし、死体に対して汚らわしいとか見てはいけないという感覚もないようだ。恐らくだが、事故があったことを伏せるより報道することの方が大切だと考えているのだろう。その人が車に轢かれて亡くなったとか、ぶつかって亡くなったということよりも、こういう事故があったという事実をダイレクトに伝えることに重きを置きがちな気がした。

テレビを見ていても報道がとにかく多い。タイ滞在中ずっと謎だったのだが、報道が多いということは映すものの垣根が低くなるのではないだろうか。人も車も多く、

▲レスキュー隊員の通称・ギフトさんは、人手が足りない時は休日を返上して週に一度は現場に出ているという。

▼ギフトさんが見せてくれた現場検証のために撮影された写真。凄惨な事故現場とともに生々しい死が写し出されていた。

あちこちで渋滞が起こり事故率も高い。そしてその報道も多い。結局、どれがスタートかはわからないが、それらがぐるぐる回っている気がした。どのチャンネルを見てもこんなことがありましたという報道ばかりだった。

にもかかわらず、テレビ放送されているハリウッド映画などでのナイフで戦うシーンやピストルの銃口を向けられるシーンには全部モザイクがかかっているのだ。死んだ結果はいいが、殺しの現場はダメ、死体は目線を入れて映すという感覚がとても不思議に感じた。

死体への抵抗感がないのには、人が亡くなったことで徳を積み終えた、この世での任務を終えて安らかに旅立ったという感覚があるからかもしれない。

ご遺体を見過ぎて死がわからなくなる

私はこれまでたくさんの死に触れてきた。以来、タレントになってからも、人の死について考える日々が続いている。

小学生からエスカレーター式の女子校に通っていたが、そこに自分の居場所はないと感じていた。大学を卒業する時、内定はひとつもとれず、その後もさまざまな資格

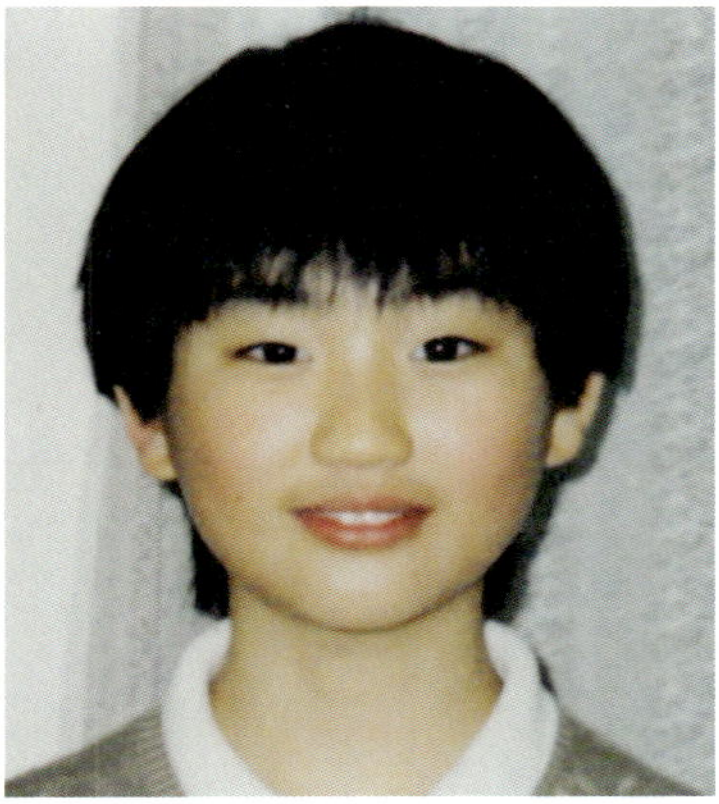

▲小学生の頃。内気で周囲とうまく馴染めなかった。

▲大学を卒業するも内定はひとつもとれず、パートなどの職を転々としていった。

▼2年がかりで取得したエンバーマーの資格証明書。遺体を修復する仕事に飛び込み、人の最期と向き合う時間を過ごした。

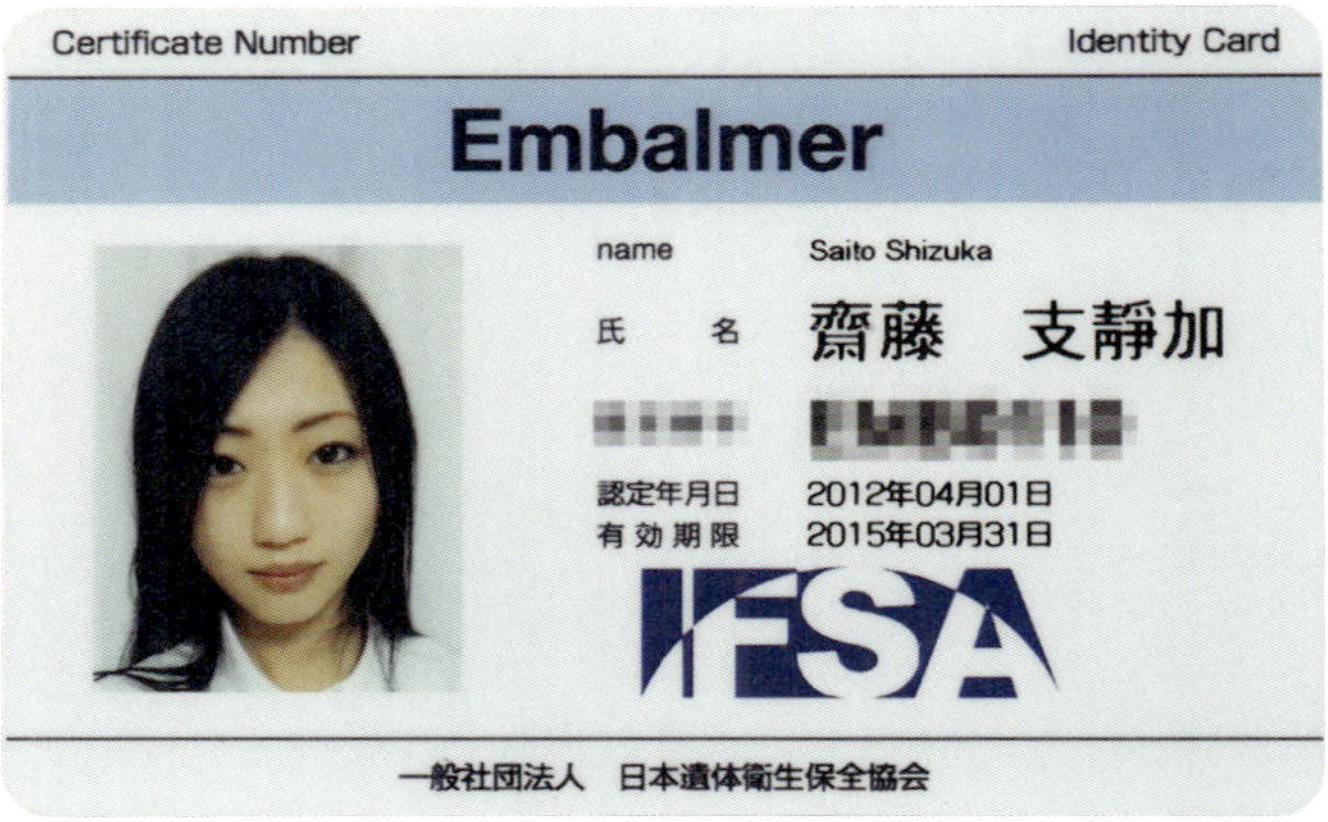

をとり、さまざまな職に就いたがどれもものにはならなかった。当時は社会不適合者とさえ言われたものだ。そんな私が飛び込んだのがご遺体を修復する仕事。身近な人の死を乗り越えられずに苦しんだのがきっかけだった。人の最期と向き合うこと。そこが人生を考えるのに相応しい場所のような気がしたのだ。

二年がかりで遺体衛生保全士（エンバーマー）の資格を取得した。残された家族の方々の願いに沿ってご遺体を修復したり、法医の先生の指示に従い組織を集めたり、血液を交換したりする仕事は性に合っていたのだと思う。

遺体衛生保全士は民間資格だが、ケミカル作業が中心の仕事となる。火葬が立て込んでいて長く保全しなければいけない時や感染症が心配される時などに血液とホルマリン溶液を入れ替える。私も若干だがホルマリンに曝露されながら働いたため、ホルマリンに発がん性があると聞いた時はドキッとしたのを思い出す。

遺体衛生保全士の仕事では三つのケースがある。エンバーミングなしで身体を洗いメイクをして服を着せるだけの場合、それを私たちは「ケース1」と呼んでいた。「ケース2」は通常のエンバーミング。エンバーミングできないほど損傷が激しいご遺体を納体袋にきれいに入れるのが「ケース3」だ。

ご遺体に接する仕事というものを経験するかしないかで、死生観のようなものがまったく違ったと思う。それまでは単純に「人はみんないつか死ぬのだから、自分もいつか死ぬ」と思っていたのだが、研修中日常的にご遺体を見ているうちに、逆に自分が死ぬことが想像できなくなってしまった。あまりにも多くのご遺体を見過ぎたことで、生きるとか死ぬとかということ自体がよくわからなくなってきたのだ。解剖や修復を行いながら、横たわっているご遺体を不思議な気持ちで見ていた。ただ、仕事をしている時は心がすごく落ち着いたのを覚えている。

ご遺体は、葬儀の前に顔と手を特にきれいにすることが多い。顔はお化粧をするので葬儀に参列する人も見ることが多いと思うが、手は意外に感じるかもしれない。実際は爪の手入れを入念に行う。特に長患いだった方の場合、爪の中に汚れが溜まりやすい。それをきれいに落として、一本一本の指に丁寧にクリームを塗っていると、自分がそこでそうしていることが心の底から嬉しく思えた。今の芸能界の仕事ももちろん好きなのだが、亡くなった方の手をきれいにするのは、自分が経験した中でも特に尊い仕事だったと今でも思っている。

死を恐れるのは生きるための意欲

人の死に触れれば触れるほど、逆に自分のこの命が尽きることへの想像がつかなくなってしまって怖かった。人の死に触れすぎて、死を遠いものにしか感じられなくなったと話す私に、ギフトさんは意外な言葉をかけてくれた。

『あなたがたくさんのご遺体に触れてきたことは善い行いなのです。それは自分に返ってきます。タイではそういう方は徳を積んでいるのだと考えます。あなたが死から遠ざかっていると感じたのは、逆に生きることと向き合おうとしているように私には思えます』

怖いということは悪いことではない。死を恐れているのは怖いのではなくこれから生きようと思う意欲でもあるのだと腑に落ちた。人はいずれ死ぬ。だからどう生きたかが問われるのだ――。

ご遺体に触れることで徳を積んでいるというギフトさんの言葉は心に残った。だが、私自身は徳を積んでいる感覚はなく、その言葉は意外でもあった。やりたくない人が多い仕事ではあるだろうが、当時、死に一番興味があって、それしか選べなかった自分がいる。「いろんな仕事を経てきたけど、やっぱりこの仕事で残されたご家族に喜んでもらいたい」、そんな真っすぐな気持ちはなかった。興味津々で参入する世界ではないという思いもあり、徳は自分にはなくても仕方ないと考えていた。ただ、そういう仕事が怖くないのであればやるべきだろうとしか思わなかったのだ。さらに言うなら、それしか、やってきつくない仕事がなかったのだろう。レストランの給仕さんも何か合わない、普通の会計事務所で働こうと思っても、毎日同じ場所に行って、毎日同じ数字を見てというのは、ちょっと無理だなと思った。結局、エンバーマーとして就職はできなかったが、解剖の助手として働くことになる。生々しい身体の世界、身体をどうにかする世界が一番怖くなかったから、じゃあ、それをやるべきだと思ったただけなのだ。

解剖の仕事を離れたのは、芸能界の仕事をはじめてしまい、ふたつ同時にはできなくなってしまったからだ。嫌で離れたのでは決してない。後任がなかなか見つからない仕事なのでとても申し訳ない気持ちでいっぱいだった。あの仕事に就ける人は少ない。資格が必要というだけでなく素養のような条件がある。どうしても合わない人には無理な仕事だ。もちろん誰でもできるといえばできるが、もたないこともある。私は三年強続けて、ようやく後任が見つかった。

人が亡くなり塊になって、解剖を待つ物体になり、実際に解剖される。身体を切られ内臓を見られて、そのまましまわれ縫われて、葬儀社にあずけられ……。この流れを日々の仕事で続けるのだ。表現として正しくないのかもしれないが、普通に朝が来て働くぞ、夜が来て終わったぞ、という人間の営みでは決して出てこない独特の感情が芽生えてくる。あまりにも特殊なのだ。

短い間ではあっても、そういう世界を見てきたからか自分の身体も物である感覚が強い。グラビアの仕事をする時も私の身体は物でしかなく、そこに個人の意見は要らない。それは解剖の仕事でも同じだった。グラビアならカメラマンや編集者、解剖なら法医の教授など自分以外の人のリードに従うことが必要とされる。個をなくす仕事という意味では、今の仕事と以前の仕事は似ているかもしれない。

今の仕事をはじめてからも、生きている人間が肉に見えることがたまにある。

それでもギフトさんの言葉を聞いたことで、その仕事を離れた今は死が遠くても、ずっと離れたままではないかもしれないと思うことができた。

ひとりでも大丈夫なように考える

解剖助手の仕事では、故人の人生を想像してしまうこともあった。特に若い女性の自殺の場合は、ふと考え込んでしまう。でも「この人の分まで明日から頑張るぞ」とは考えられなかった。そんな時は、ただひたすら飢えと渇きを待った。おなかが空いたり、喉が渇いたりすると元に戻れるのだ。強い血の臭いや腐敗臭が、どんどん現実感を奪っていく。それをリセットできるのは飢えと渇きだ。腐敗したご遺体と向き合っていても、作業をしているうちにおなかが空いてくると「今日も大丈夫だ」と思えたのだ。

その人がどういう状況で亡くなられたかを調べることも解剖の大切な仕事だ。ここはこうで、こうやって打って死んで……と持ち込まれたご遺体についての説明ももちろん受けるのだが、それでも心臓発作なのか脳への損傷が原因なのかわかりませんとなると解剖となる。身体を開け、脳や心臓の反応を見て、写真を撮ってという作業をする。もう何もかもが死に近過ぎて非現実的なのだ。

ひとりで亡くなったケースは複雑な気持ちになる。子どもたちが近くに住んでいてもひとりぼっちで亡くなる人もいれば、最初から一人暮らしでひとりぼっちで亡くなる人もいる。ひとりで亡くなったご遺体だと聞くたびに、うまいようにはいかないのだなと思う。このご時世、ひとりで死んでいくのは決して珍しいことではないが、ひとりで亡くなった状況がどれも特殊なのだ。特に脳の損傷や心臓発作を起こしたご遺体は、ひとりで死を迎えた時に何を思っていたのかと考えてしまう。

元からひとりで、亡くなる時もひとりだったという姿を目の当たりにすると言葉がない。

それならパートナーをという思いもないわけではないが、それよりもひとりでも大丈夫なように何ができるかを考えるようになった。ひとりの時に何かあると生存できる確率も減る。だからできるだけ迅速に「ここにいる」というのがわかるように、母親とは連絡先や出張の日程などを共有したり、鍵を分け合うようにしている。これだけでも回避できる状況はあるのだ。

それでも人には幸福な死に方はないと思っている。みんな、何かしらの悔いや無念な思いを残して「ああ……」と呻きながら死んでいくのではないだろうか。自分の死に方を選ぶのは難しいことなのだ。自分は碌な死に方はしないだろうが、今は親より先に死ななければ何でもいいやと思っている。

男と女は葬儀で出会う

タイの第二の都市・チェンマイへ飛行機で向かう。タイ北部に位置する古都。緑豊かな山岳地帯には多くの少数民族が暮らしている。避暑に訪れる観光客が気軽に彼らと出会える場所がある。そこは少数民族の暮らしを再現したテーマパークだった。普段は人里離れた山岳地帯に暮らす八つの少数民族が故郷から出張して、お土産などを販売している。

園内で少数民族の伝統的な織物や刺繡がされた手芸品を見て回る。細かな作業が必要な品々を見て、彼女たちの手先の器用さに驚いた。別の店では大きな耳飾りをした若い女性の耳の穴が、イカリングのように大きくなっていた。ジロジロ見ていいのだろうかと思いつつ見てしまう。

首の長い女性が美しいとされるカレン族もいた。二十歳というカレン族の女性は五歳から金属製の輪を首にはめているという。痛くないのかと尋ねると「慣れた」というので、ちょっとは痛いんだということがわかった。最も首が長いのは七十四歳の最長老。彼女の輪は五キロ以上あるという。首が長いので美しい、恐らくモテるだろう。

素朴な疑問で寝るのは大変ではないかと聞くと、彼女はさっと横向きの寝姿の写真を見せてくれた。なるほど。仰向けはキツイだろう。うつぶせもしんどい。私もこうやって寝ている……。

この国には、固有の伝統や風習を何百年も受け継いでいる人々がいる。少数民族のテーマパークを後に、車で険しい山道を三時間。向かったのはホワイトカレン族という山岳民族が暮らす集落だ。訪ねて行くと、白い装束と黒い装束を着た人々が迎えてくれた。白は未婚女性、黒は既婚女性が身につけるのが伝統だという。

この村の葬儀にまつわるある風習に、強く興味を惹かれた。それは、葬式の時に男性が女性を口説く習わしだと村長さんが教えてくれた。

ホワイトカレン族にとって葬式は、男と女の出会いの場なのだ。男性たちは白装束を目印に未婚女性に声をかけるという。死者をもうひとつの世界に見送る場で、この人たちは、新たな命の誕生を同時に願うのだ。

葬式ではもちろん悲しむ。悲しんで、切り替えるのだという。出会いの場となるのは葬式の二次会で既婚者は参加できない。未婚の男女が集まる二次会に参加すれば、声をかけることができるのだ。声をかけるのは男性からのみ。だから女性には断る権

▲チェンマイにある少数民族の暮らしを再現したテーマパーク。細かい手作業が美しい伝統工芸品が販売されている。

▼少数民族の若い女性。彼女の耳たぶは、耳飾りをするためにイカリングのように大きな穴が開いていた。

利がある。

ホワイトカレン族のある既婚女性は、「どこから来たの？」からはじまり、時にはたくさんの男性から言い寄られることもあるが、その中から自分が好きな人を選ぶのだと教えてくれた。ちゃんとしたルールのもとで出会いの場が作られている。日本のお見合いとほとんど変わらない。彼女に葬式がお見合いの場だったのかと聞くと、葬式の後に二次会、三次会で意気投合し、デートするようになり、結婚したのだと教えてくれた。

私も白い装束を着させてもらった。未婚だから一応資格はある。特別に既婚男性を相手役に、「どこから来たの？」「恋人はいますか」……などと口説くシーンを再現したが、何これ、というぐらいにすごく恥ずかしかった。

命がひとつなくなるなら、また新しい命をひとつ作る、ある意味合理的だ。合理的に準備をするのは「全然いいことじゃん」という話なのだろう。何百年と受け継がれてきたこの不思議な風習は、文明と折り合いをつけながら、また数百年続いていくような気がした。

彼ら山の民にとって、家族同様の動物にも会わせてもらった。象だ。象からのキスを受けたが、そのキスは象汁がねっとりついて生臭かった。

厳しい大自然の中で生き抜いていくために、彼らはさまざまな命と共存してきたのだろう。餌をやった後に、はじめて象の背中に乗り、女王様気分を味わった。これは一生の記念になりそうだ。

生きることも死ぬこともひとつになって、微笑みの国ができていた——。

3 ありのままに生きる
～暮らしに溶け込む性的マイノリティの人々～

トランスジェンダーのための第二女子トイレ

毎夜、バンコクのどこかで行われているというニューハーフショー。彼女たちは、自分の生き方を自ら選び、堂々と生きる。タイでは性別適合手術は盛んに行われている。この国の人々は、自分の心に忠実に生きているのだ。

タイでは暮らしの中に、いわゆる性的マイノリティの人々が溶け込んでいる。画期的な取り組みを行い、海外からも注目を集めたテクノロジーランナー ポリテクニック大学を訪ねた。副学長自ら案内してくれたのは第二女子トイレ。身体は男性だが、心が女性の学生が恥ずかしい思いをしなくていいようにと設置された。トイレのプレートも男子トイレと女子トイレのふたつを組み合わせて作られている。一般の女子と同様、第二女子トイレでは、トランスジェンダーの学生が化粧をしたり、髪を飾ったりできるようになったという。

副学長から特別に許可をもらい、第二女子トイレにお邪魔した。タイでは男性に生まれながらも、姿、形まで女性になりたいと思うトランスジェンダーの人々をレディーボーイと呼ぶ。そこには明るく楽しそうに鏡に向かう彼女たちの姿があった。

自らの性別違和を認識する学生たちに集まってもらい、大学に入学するまでに嫌な思いを経験したか聞いた。すると全員の手が挙がる。ある学生は、「このオカマ野郎」と面と向かって罵られたというが、ここではありのままを受け入れてくれるので楽になったと答えてくれた。受け入れられているということは彼女たちの自信や安心感につながっているようだ。タイのレディーボーイはとてもきれいだと私は感じた。

将来の夢を聞くと、タイが世界に誇る老舗キャバレー・ティファニーの舞台に立ちたい、美容師になって大好きな美しさにかかわって生きていきたい……などの声があった。ある学生は「私たちもみんなと同じ人間です。ひとりの女の子なんです。差別されるいわれはない。そのことをもっと多くの人たちに知ってほしいと思います」と語ってくれた。

私はストレートや普通という言葉がよくわからない時がある。ストレートや普通はない、普通って何だ、といつも思いながら生きてきた。もやもやしながら居場所が見つからない人は世界中にいるだろう。その思いを性的マイノリティの学生たちに伝えたかった。

私も子どもの頃から周りの子どもたちとは何かが違うという疎外感に悩んだひとりだ。普通とは何かがわからなくて普通が何かを聞こうとすると逆に疎外されてしまう。だから普通とはみんなの空気感を捉えるものなのか……などいろいろ考えるようになってしまい生きづらかった。

いわゆる性的マイノリティの人々が芸術やデザインの分野で成功している姿を見て、この人たちの多くは独自の特別な感覚を出す力があるんだとうらやましかったのを覚えている。それは小学生の半ばぐらいから感じていた思いだ。今は、人とは違うこと、変わっていること、違和感を人に与えることも商売のひとつと思えるようになった。だから大分落ちついたというのも変な話だが……。多くの場面で人と揃える必要がないというのは自分にとって本当に楽なことなのだ。

無邪気に今の自分を謳歌する

十八歳のデューイさんの部屋を覗かせてもらった。女の子の部屋ということで、私もカメラを片手に最小限の人数でお邪魔した。

ワンルームの部屋は女の子の部屋そのものだった。彼女は四人兄弟で、レディーボーイはひとりだけだという。心が女の子だとわかったのは五歳の頃だったが、誰にも言えずに時が過ぎ、大学入学後、ようやく堂々と女性として生きていこうと決めた。入学当初、一年前の写真を見せてくれたが、そこには十七歳の男の子の姿があった。たった一年で随分と女性っぽくなったデューイさんに驚いたが、エステや病院などには行っていないという。何もしていないのにこれほどきれいに変わったのは、気持ちがそうさせたのだろうと納得した。カミングアウトをする時は緊張したというが、両親は戸惑いながらも受け入れてくれたという。会うと抱きつくほど父親が大好きという彼女だが、父親の話はあまりしたがらなかったと通訳は言う。彼女と父親の間にはまだ複雑な思いが交錯しているのかもしれない。

彼女は、きれいにはなりたいが性別適合手術はしたくないという。彼女の憧れの人は今、ティファニーのショーに出演していて、自分もそうなりたいと恥ずかしそうに話してくれた。あまりにデューイさんがかわいくて、思わず使いかけのリップクリームをあげてしまった。使ったのは一回だけと、ちゃんと断りは入れた。

トランスジェンダーの学生たちと話をしてひとつ気になることがあった。それはデューイさんのように、将来の夢がショーガールになりたいという子が多いことだ。ここは情報科学系の大学で、ＩＴ関連の仕事に就くような学生が学ぶ学校。彼女たちが、大学での学びを活かした仕事を将来目指さないことが疑問だったのだ。進路にまだ制約があり、就職での差別は多少あると副学長は言う。彼女たちに就いてほしい職業はたくさんあるが、やはりまだ許されない、あるいは意図的にはじかれる状況はある。それでも以前に比べれば職業的にも受け入れられているとのことだった。

ただ、制約がなかったとしても美しくありたいという欲求が勝つのだろう。大学で学んだ知識や技能を活かしてビジネスパーソンや技術者になるより、きれいな服やメイクをしてショーに出たいという気持ちが強い子が多いという。インテリダンサーも悪くはないが……。

先輩や仲間たちが、ティファニーにいるから自分も行きたいという彼女たち。先生

▲情報科学系の技術・学問を学ぶテクノロジーランナー　ポリテクニック大学。第2女子トイレを設置したことで、海外からも注目を集めている。

▼デューイさんの部屋。カミングアウトは大学入学後というが、たった1年で可愛い女性の姿になったという。

になりたい、ビジネスパーソンになりたい、商売をしたいという学生はあまりいなかった。ショーガール以外ではメイク関係や美容師などが多数を占める。彼女たちの気持ちもわからなくはない。美しくありたいし、今まで悩んだり誹謗中傷されてきたことを、ここではもう悩む必要もなく自由に好きにしていいとなれば、情報科学系の仕事には就かないというのは、若さもあり自然なのかもしれない。

日本などから比べれば彼女たちを取り巻く環境は恵まれているだろう。だが、希望の仕事に制約なく就くのはまだまだ難しい現状があった。レディーボーイも都市部では恵まれているが、農村などでは居場所が少ないだろう。一定数そういう人たちはいて、その人たちがそのまま差別されてチャンスを逃したり、気持ちが萎縮してしまうのは悲しいことだ。

日本では社会的立場が上になったり、職業的に長いキャリアを積み周囲から信頼されるようなポジションになってからのカミングアウトについては、意外と受け入れられているのではないだろうか。一方、レディーボーイは仕事をする前から、私はこうですとカミングアウトしている。間口を広げて、これが私なんですという思春期を過ごさせることが果たして本当にいいことなのかは答えが出ない。

世界を見ても過渡期であることは間違いないが、性的マイノリティや同性婚を応援できない人はまだまだいるだろう。日本でも二〇一五年十一月から東京の渋谷区で「パートナーシップ証明書」が交付されることになり話題となった。まず私たちがよく理解して受け止めなければならないのだが、頭ではわかっていても気持ちの上でまだついていけない人も多いのではないかと心配になる。
「いろいろある」と認めた先に、「自分は性的マイノリティではない」という意識を持たざるを得ない時代にはなってきた。多様性を受け入れて寛容な態度を取ることは誰にでもできるだろう。だが、性的マイノリティではない人が同性に迫られた時、そこで抵抗なく振る舞うのは、そう簡単なことではないのかもしれない。

撮影終了後にも続いたデューイさんと友だちのダンス。無邪気に今の自分を謳歌する姿がそこにはあった。時に人から異質と思われることも含めて、人生をありのままに生きている学生たち。きっとこの先、迷うこともあるだろう。その時、この国の人々はまた祈るに違いない。人生は儚い。だから人には、夢見る資格がある。

4 生と死のはざまで
～他者への献身、エイズ患者として生きる～

エイズ患者をすべて無償で受け入れる

バンコク郊外から北西に約百六十キロ離れた山腹にある広大な敷地を持つ寺院。その一隅に、世界中から寄進されるお布施によって運営されるＨＩＶキャリアやエイズ患者（以下、エイズ患者）の病院施設がある。この寺は二十五年ほど前からエイズ患者を受け入れるようになった。取材当時治療を受けていたのは百五十一人。寺の入口に置き去りにされた人もいたが、ひとりとして見捨てることはしないという。

一九九〇年代、タイで猛威をふるったエイズ。患者たちは、世間の無知や偏見の中、肉親にも見捨てられ、ようやくこの寺にたどり着いた。

寺院の敷地内には、病棟やリハビリセンターのほかに看護師、ボランティアの宿舎などがあり、医師は市街地から通い看護師が常駐する。終末医療と全員への治療を行うが、医療的なケアが必要な患者は少なく投薬管理が中心だという。終末医療もそうだが早期の段階からここにやって来て薬を飲み続ける患者の中には、寿命をまっとうできる人もいるという。立ち上がることも難しい患者や家族に捨てられ精神を病んでしまった患者などは、重病患者専用エリアに入院している。未だにタイではエイズに対する偏見があり、一緒に暮らせないと家族に見捨てられる人も多いという。

重病患者専用エリアのほか、病棟は男女別で病状によって何パターンかに分かれていた。軽症の患者の中にはコテージのような宿舎で生活する人もいる。ボランティアでケアにあたる人々の大部分もエイズ患者だ。朝、掃除をして食事を作り、患者の世話をするのがルーチンで、寝たきり状態の患者よりも動ける軽症の人が多いため、彼らが重病患者の世話をするのだという。エイズ患者だけで自立して生活するというのが施設の目標だ。

やって来る患者全員を受け入れ治療にあたり、それぞれに合った薬が処方されているが、それらはすべて無償で提供している。施設は僧侶であるアロンコット師の慈善活動のもとに運営され、大部分を国内外の物資やお金などの寄付で賄う。そのため師は寄付集めのための講演活動に忙しく奔走していると聞く。

ある女性患者がインタビューに応じてくれた。彼女は独身なので身寄りはない。タトゥーの針で感染したのだという。タイ人の自分は仏教徒であるにもかかわらず親からもらった大切な身体にタトゥーで傷をつけてしまった。その天罰が下ったのだと話す。だが、この寺の僧侶は彼女を責めず、自分の運命に立ち向かい、決して諦めてはいけない、誰も自分が死ぬ時は選べないのだから、今この瞬間を大切に生きなさいと説いてくれたと答えてくれた。私は彼女の言葉に揺るぎない何かを感じた。最後に彼女は、彫り物師を恨んではいない。みんなエイズのことを知らなかった。みんなわざとやったわけじゃなかったんだとも話した。

恐らく大部分の人がタトゥーかセックスで感染している。施設内でもタトゥー率はかなり高かった。話を聞くと「タトゥーが原因です」「夜遊びしてしまって」と、はっきり感染した経緯を口にする。施設に幼い子どももいたが、感染しているとすれば母子感染だろう。

放送された患者以外にも話を聞いたが、エイズになったのは天罰と考える人が多かった。夜のお店に行って浮気をしてしまったのが原因で感染してしまったのは自分のせい、天罰だと。家族に捨てられても、家族を恨むのではなく自分を責めていた。自暴自棄になる人もいるという。後悔してもしきれないが、今ここにいて安らぎの時

▲タトゥーが原因でHIV感染したという女性。仏教徒であるにもかかわらず身体に傷をつけた自分を責めていた。

▼病棟で過ごす男性患者たち。身寄りのない人も多く、患者同士が助け合い自立して生活することが施設の目標だという。

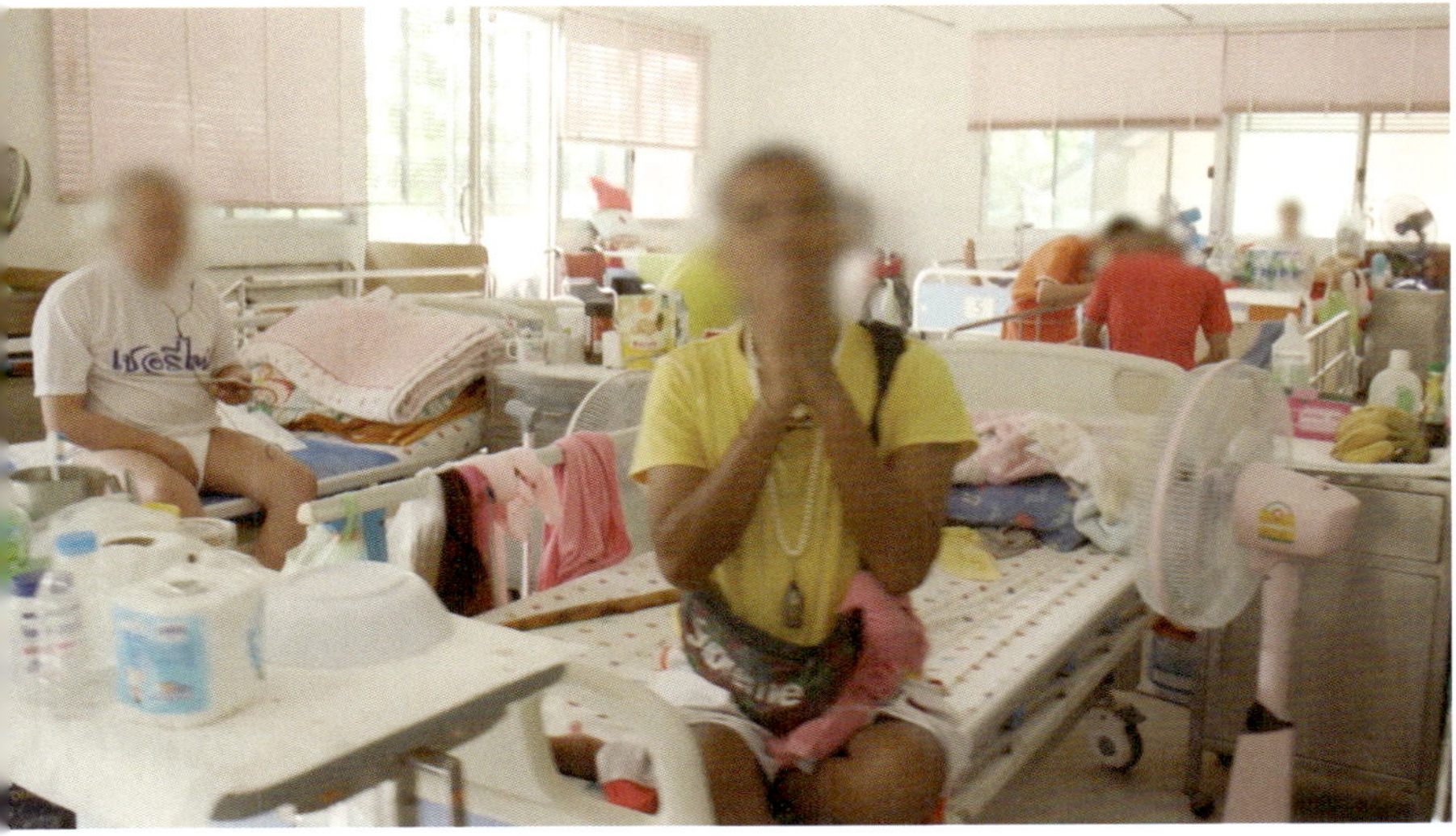

間を得はじめている人は多いということだった。

患者たちが施設外に出るのは買い物ぐらいで、外出はほぼしないという話を聞き、あまりにもここで自己完結している彼らを前に「外に出たいですか?」とは聞けなかった。

患者さん同士の関係は穏やかそうに見えた。ベッドに横たわり養生し特に何を言うわけでもなく……。ただ、インタビューする予定だった患者のひとりが家族に捨てられたことを思い出し、「どうせ俺は」と自暴自棄になって話ができない状態になってしまったという。自分のせいだという責め、自己嫌悪感は強いのだろう。一人ひとりが立ち直り、安らかに過ごすためにもこの施設は必要なのだと思った。

施設の外で掃除をしていた患者は、自活できることが何より嬉しいと話した。自立して暮らせていること、ひとりで暮らし、みんなの世話をすることは徳を積むことであり、それができる今は幸せになれたような気がすると——。

ここではみんなが優しかった。

戒めのためのミイラ

もうひとり、その優しさを感じたのが、患者の世話をするエスさんだった。彼女もエイズ患者だ。自分も感染したからこそ弱っている人を助けたい気持ちで、ここで働いているという。

エスさんは、私をさらにもうひとつの施設に案内してくれた。そこはエイズという現実を厳しく突きつける場所、ミイラ博物館だ。展示されているのは、亡くなったエイズ患者のミイラたち。本人の生前の意志により献体されたものだという。エイズの恐ろしさを後世に伝えるため、彼らはもの言わぬ姿でここにいる。横たわる女性のミイラや母子感染して亡くなった子どものミイラも展示されていた。亡くなってからもなお、彼らは徳を積み続けるのか――。

タイの人々は墓を持たない。遺骨は埋葬するのではなく散骨が一般的だという。川や海に流したり、山岳部では山に散骨する。そのほか遺骨の一部または全部を、寺院の通路の壁や納骨堂の壁などに安置することもあるという。

ミイラになって残されるということは散骨されないということを意味する。この施設で病を抱え肉体を持ちながら孤独に生かされた挙句、死んではいるが存在させられ続けている。これも戒めなのだろう。エイズになると自分の死後もこんなふうに晒されてしまうんだぞ、という思いをどうにかして表現したかったのではないだろうか。エイズになってこの施設に収容されている人々もみな「戒めのためのミイラです」と口を揃えた。

ミイラになり、見ただけでは何が原因で亡くなったのかはわからない形にはなっているが、どこかで悪いことをして、ずっと晒されているべきだ、自分なんて……という強い思いを感じた。

絶望の淵にあった患者たちが、どんな心持ちで生をまっとうしようとしているのか。私はエスさんに「生きていて嬉しいことはあるか」と尋ねた。彼女はここにいて施しを受けて生かされていること、そのすべてが嬉しいことであり、ここにいると悩みから解放されるのだという。自分たちはこの寺の僧侶に心を救われているのだから、受けた施しは別の人にお返しする、日々そう思っていると語ってくれた。

彼女たちは、一日一日をそうやって丁寧に生きていくのだろう。

献体してミイラになるのは難しいが、私も骨髄バンクのドナー登録はしている。運転免許証裏の臓器提供に関する意思表示欄も提供できるように記載した。死んだらあげるよというやつだ。日本では、ご遺体に傷をつけるのはかわいそうという感情もあり、献体や臓器提供はなかなか進まないとも聞く。私自身に抵抗感はないが、話し合うことはとても大切だ。何が遺族と故人にとっての幸せなのか、納得なのかというのをとことん話し合う時間が必要だろう。故人になってしまった人が生前に決めて、それを絶対に覆せないようなシステムにしてしまうと、遺族はずっと亡くなった人を恨んでしまうかもしれない。それは怖いと思うのだ。

私が「するよ」と言って、母も「私もやってもいいから、別にあなたがやるのもいい」と言ってはいたのだが、実際にそういう日が来て連れていかれちゃった時に、寂しさを感じたらどうしよう……と不安も口にする。想像すると寂しいというのだ。確かに私も母が献体のためにとどこかに持っていかれて、骨となり帰って来たらやはり寂しく感じる自分が想像できる。

家族の中で意見が分かれる場合もあるだろう。だからこれはずっと悩み続ける問題なのだ。この先解決するのはなかなか難しいだろうが、それでも残された家族の気持ちを尊重する方向ではあるとも聞く。定期的に確認して変更できるというのがあってもいいだろう。特に親が子どもをといった年上の者が下の者を見送る際に、臓器提供の決断は相当厳しいと感じている。

誰かのために生きることは、自分のために生きること

この国の人々には、施しを受けたままではいけないという気持ちがある。持ちっ放し、されっ放しはよくなくて、自分も返して、また自分が返した人が誰かに返してというサイクルが好きなのだろう。

ファイクアンで見た逃がすためのスズメを売る商売の人も、カゴを買ってスズメを解放した女性もそうだ。見方によっては〝ごっこ〟なのだが、それを本気で信じて、ちゃんとできる人たちなのだ。施しを受けたら誰かに返すという考え方が、この〝ごっこ〟にも反映されているような気がする。

徳を積んで生きるのは、自分のため。前世がそうしたから、今ここに自分がいる。じゃあ、自分が前世になった時に来世の自分に何をしてあげられるか、というのでぐるぐるぐるぐる回るのだ。結果として、ぐるぐる回っている先の先の自分ぐらいに役に立っていることがきっとあると思うのだ。

タイの旅が終わる。

ここでも多くの人にお世話になった。離れるのが惜しい……。そんな気持ちにさせてくれる旅だった。街では今日も人々が祈りを捧げている。

どんな境遇であろうと、自分が受けた施しを誰かに返そうとする。それが徳を積むということなのだろう。誰かのために生きることは、自分のために生きること。徳を積んで生きること。それは、前世の私のため、来世の私のため、そして、どこかの誰かのためなのだ。

ホテル近くのしゃぶしゃぶと焼肉が同時に
食せる所でタイ風しゃぶ＆焼肉（ベーコンと豚バラ）

、マンション内にコインランドリーがある.

マンション入り口に体重計とコインランドリー

ある家が少ないので
有料で計れる.

ふつうの一層式

洗たく機内に
洗剤の空き袋が落ちていた

⇩ ゴミじゃない…？

中身をあますところ無く使うために袋ごと投入したらしい。

ムダがないなぁ。

©だんみつ

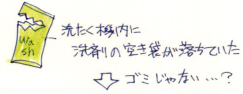

壇蜜絵日記 ～タイ～

タイ屋台 → 食べ物や衣類、アクセを販売
食べ物は基本現地のモノを焼いたり煮たり
生だったり。

我が家に居るような
ナマズが…

串刺しになって
焼かれていたとさ。

日本人なので
串焼き、焼き魚が美味しそうでも
買い食いはNG

謎の肉ほど
美味しそう…。

(お茶) 菊花茶、ハーブ茶、中国茶とある。
全て恐ろしく甘い。

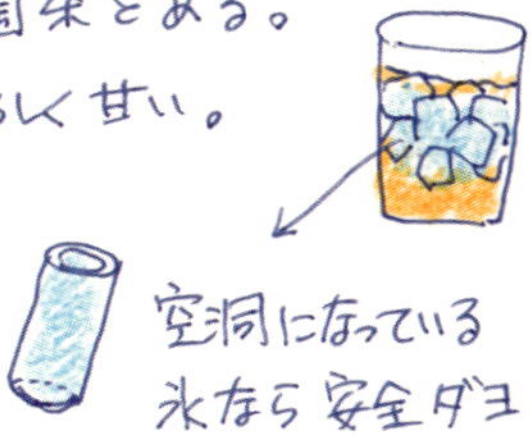

暑いので、積極的に
砂糖を取りたい？

空洞になっている
氷なら安全ダヨ。
by ガイドさん

(昼) 飛行機の中でチキンレッドカレー
タイ風のつみれ汁
エビのオードブル

(夜)

豚の脳は白子っぽい

トムヤムマンサモンムー

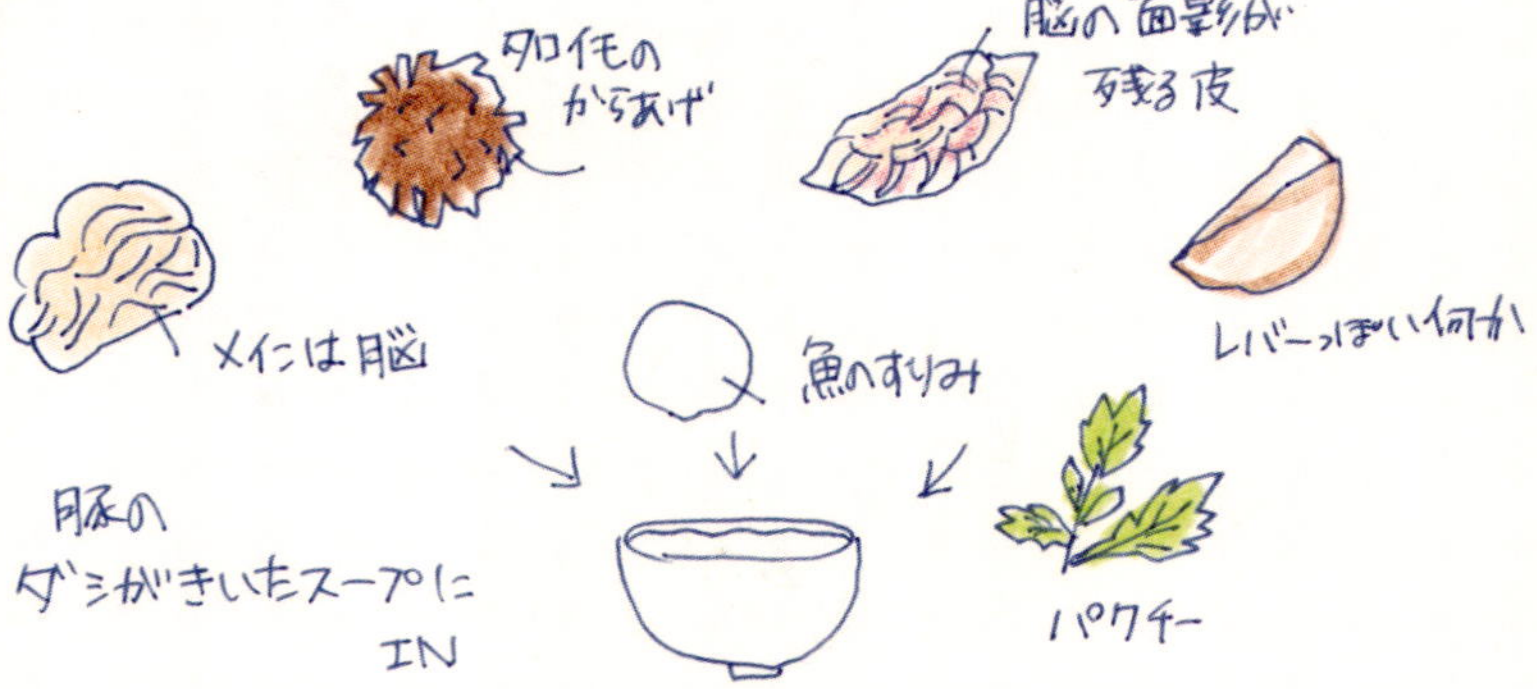

ウワサのレディーボーイショー

毎日好きなコトをしているから
辛く感じるコトはない。
ショーが生活の一部、
ご飯食べたりシャワーあびるのと
一緒ヨ。

by エリー師匠（40）

タイ名物、朝の大渋滞。

国のお金で作ったバス
低所得者向けで無料。バス停じゃなくても止まったら乗れるシステム。

違反だけど、うしろに人乗ってる。

8:00、9:00出勤の人もけっこうあきらめて遅刻。

華僑のいるところに商売あり

タイは華僑がいちばん成功している国らしい。

華僑の寺院、報徳堂

おふせの証明のウラに

願いゴト書く

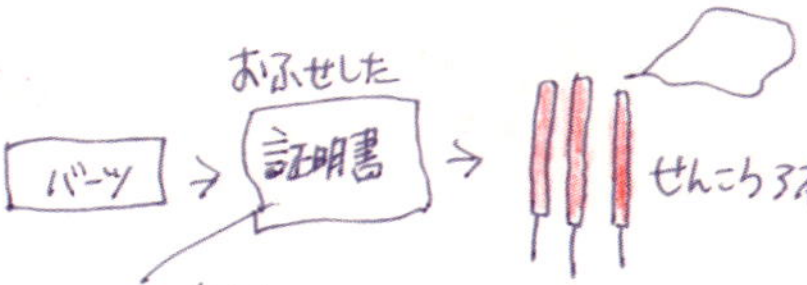

お祈りセット。

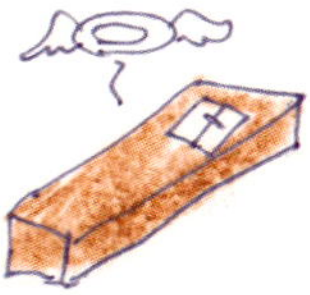

恵まれない人の棺おけ代に。

お供えとして市場でも売ってる

マリーゴールドみんなスキ。

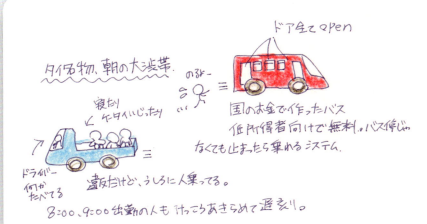

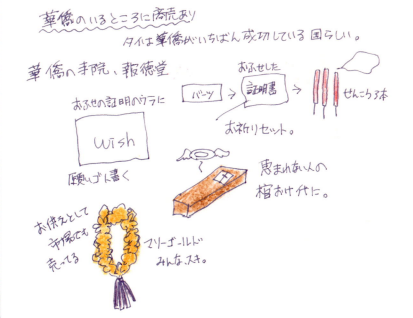

托鉢する側 → 徳を積むために。
托鉢される側 → する側の徳の向上に貢献させていただく。
「ありがとう」の関係性とはちょっとちがう…？

お寺には多くの猫がいる。
僧侶はメスネコには触ってはいけない（女性、メス全般触れてはだめ）が、
お寺の中に居る猫は来世人間になるので
♂♀かんけいなし。

布ごしに贈り物をスル。

壇蜜絵日記〜タイ〜

「ささげる」と言われるとそちらへ行き、
全てのモノをもらう。

ワットリアップ寺にて

高野山高校、大学を経て

留学生としてタイへ。

日本人納骨堂の担当をする → 宗派問わず。ご本人は真言宗。

業ム ・亡くなった在タイ日本人の供養

・日本語で案内

・日本語でお経 etc

タイの仏教

皆ブッダの弟子。

戒律を守り悟りをひらく

↓

徳をつんで死ぬ

↓

来世は良いモノに

日本の仏教

みんなで仏の国へ行くために

祈り、教えを守ろう。

今ある姿は
前世で徳をつんでもらったおかげ

占いの結果

バンコクの母みたいだった…。

バンコク、占い市場にて20:00頃占いをしてもらう

1980、12、3 水曜日生まれ

午前か午後かが大事

←水曜午前中は
ブッダが言うコトをきかない弟子におこって、お供の動物に
たしなめられている

←午後は
許しの姿勢でおだやかに

結果

44 46 48才で
チャンスがある

40と45 病気注意!!

らしいよ。

金山寺

バンコクを一望できる標高の高いお寺

階段のぼって行く、黄金の丘

ブッダにつかえた動物たちが置物になって、
つかえている所が見られる

建物の屋根のはじには
不死鳥がシャチホコみたいにいる。

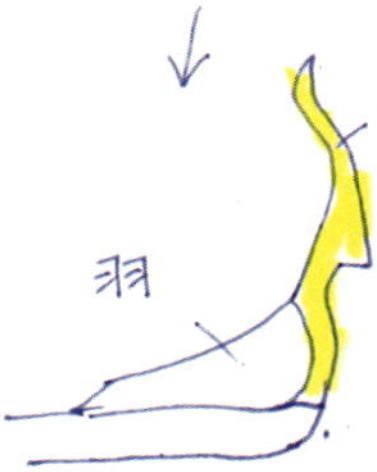

神聖なる所で酒のんで
ねてる人いた。

ハス、キレイだった

ナーラ♡

PM6:00

タイは 8:00と18:00にタイ国歌を流す。
みな立ち止まり、聞くコトで王家に敬意を払う。

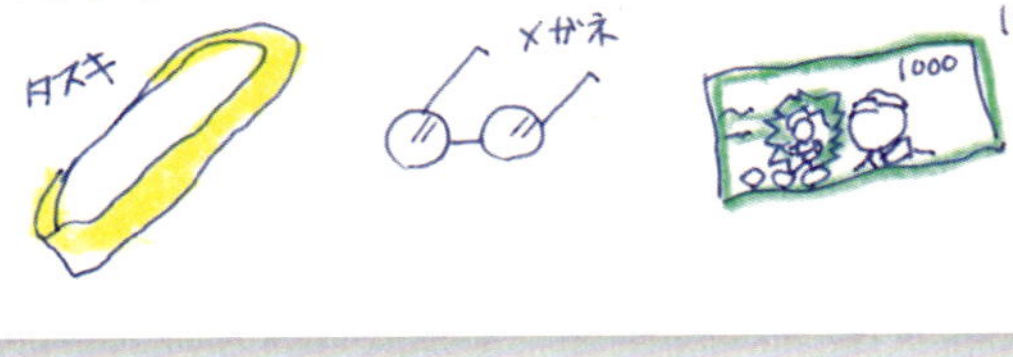

地獄に堕ちるわよ　ワット・ムアン
むらさき色

エステ中の大仏さま

悪いコトをする、親の言うコトを聞かないと
こんなコトになるよ…という見せしめ、ショックを受けさせるコトも
時には大事なんだよね。

ガイド、コータさんのほくろ毛。

ウーパールーパーを死なせてしまったので
こうなるかもしれない

ヘビを殺せば
顔がヘビに。
殺めた動物の顔になってしまう。

ニワトリよ、頼むぞ

タイはかつてミャンマーの支配下にあり、
そこでミャンマーに人質としてとらわれていた
タイ王子がいた。
王子はミャンマーで軍策を学び、タイに逃げ帰り、
タイを勝利へみちびく。

その王子がスキだったのがニワトリ。
ニワトリ＝勝負事の象徴としてまつられるように。
賭けゴトをする場ではニワトリの像を置くコトが多い。

よく寝ていました

ワット《寺》ヤイチャイモンコン(寺院)

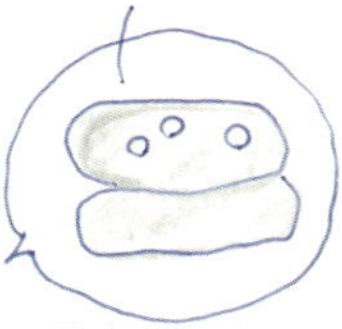

コインを貼って
落ちないと
願いがかなう。
(私は落ちたけど)

＋

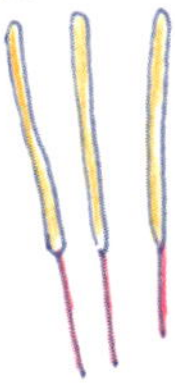

＋

お祈り3点セット

チェンマイ到着.

バーン・トン・ルアン

歴史の証人たち

民芸品を作り、生活を見せる場所。
ビジネス村だが、多くの民族の中から広報みたいなんが出て来て活動している感じ。

首長族(カレン族)の歴史は長い。
これからも受けつがれていくだろうけど、
子どもがやりたくないといえば、
それを尊重します。
3~4kgくらいある

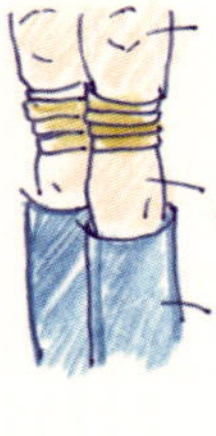
足にも
ひざ
ふくらはぎ
くつ下のような布.

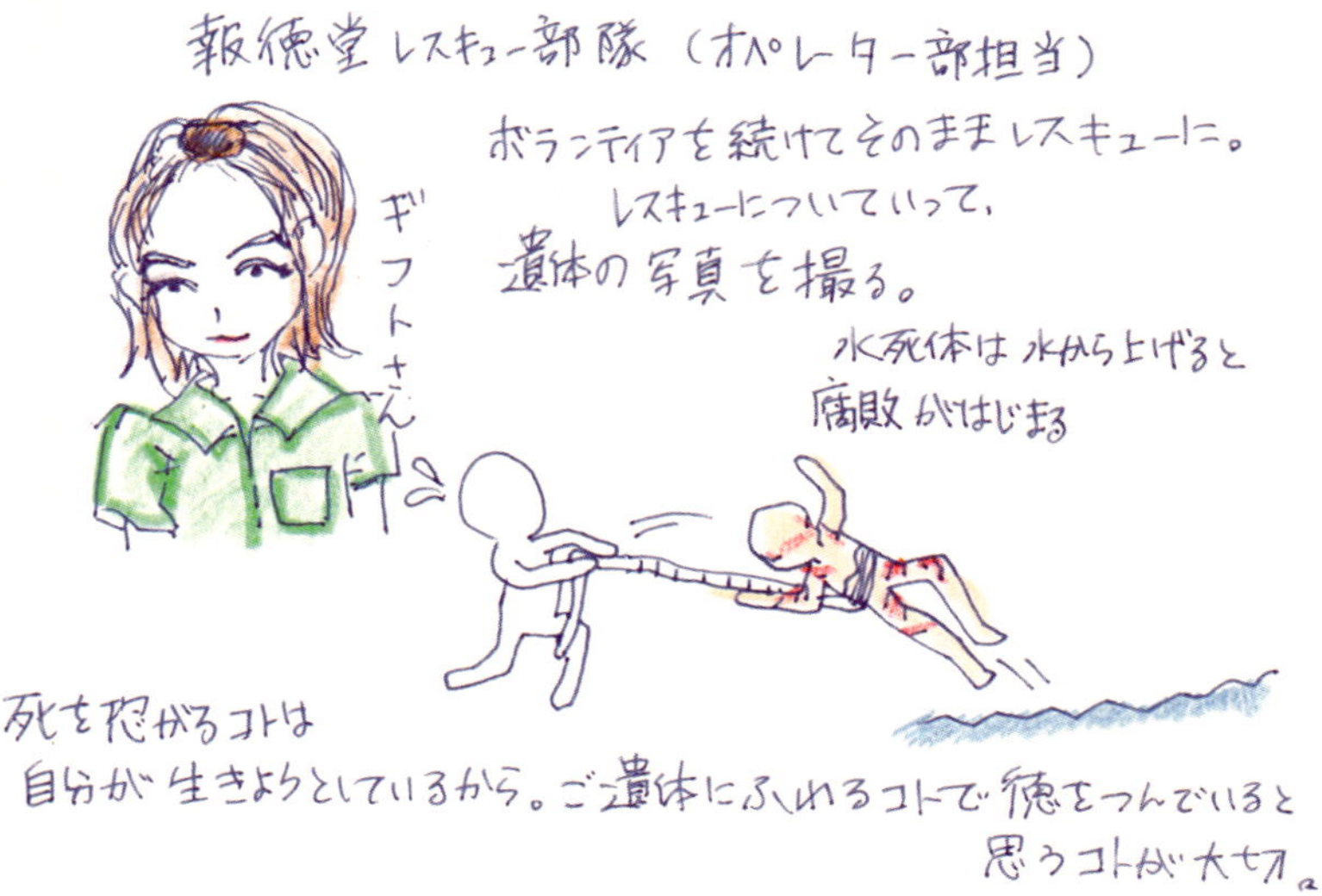
報徳堂レスキュー部隊（オペレーター部担当）
ボランティアを続けてそのままレスキューに。
レスキューについていって、
遺体の写真を撮る。
ギフトさん
水死体は水から上げると
腐敗がはじまる
死を怖がるコトは
自分が生きようとしているから。ご遺体にふれるコトで徳をつんでいると
思うコトが大切。

葬儀と合コンの合体

カレン族の一部（白カレン族） 南チェンマイ、ドイ・インタノン山のふもと。
800人程の集落で、葬儀時に男女の出会いを助長する
集まりがある。未婚の男女が白い民族衣装をまとい、
男性が女性を誘う交渉をしてOKというイベント。

女性
男性
印象が悪くなければ返事する
かわいいねー
どこから来たのー
お友だちからはじめませんかー
民族のコトバで話す

村の既婚女性

これも一枚の長いストール
ししゅうは皆小さい頃から
お母さんに習います。ししゅう、織り物、
糸まきはだれでもできるようになります。
子どもたちとはずっと一緒にいたいので、
できるだけ村を出てほしくないな…
衣装は未婚は白、既婚は白以外。
黒とか紫とか青とか

村の女性は服をつくって売り、
農作業をこなし、家事もするという…。

チェンマイを変えよう

アヘンの原料となるケシを
育てて、
輸出していた

→ 国王のアドバイスで…

野菜や果物を
育て、
国内で
売る方針に。

悪に手を染めず、地産地消で利益を!!

美味

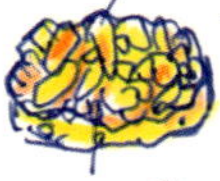
米のパフ
ミルクでかためる

← いわゆるポン菓子のような
お米の菓子。サクサクしたミルク味で
自分の中ではヒット。
練乳?

東京菓子《とうきょうがし》、食べてマスカ?

タイにはトウキョウガシ、とよばれる「日本の人はコレ食べてるんでしょ」的お菓子があるらしい…。

あんこをのせて
ドラ焼きの生地に

タイを支える学生たち

テクノロジーランナー
ポリテクニック大学
（高専的なモノ）

LGBTにOPENな学校

第2の女性として生きる男性の体を持った彼女たちのために、
学校は第2の女性用トイレを用意。

- 第2の女性トイレ
- LGBTの先生がいる
- 将来のために職業訓練場がある
（校内にカフェや露店があり、生徒が販売しつつノウハウを学ぶ）

→ 全ては生徒の自信と自立のために。

women
others
men

第2の女性のトイレのマーク

↑間にいる、というイミ。

レディボーイ学生。

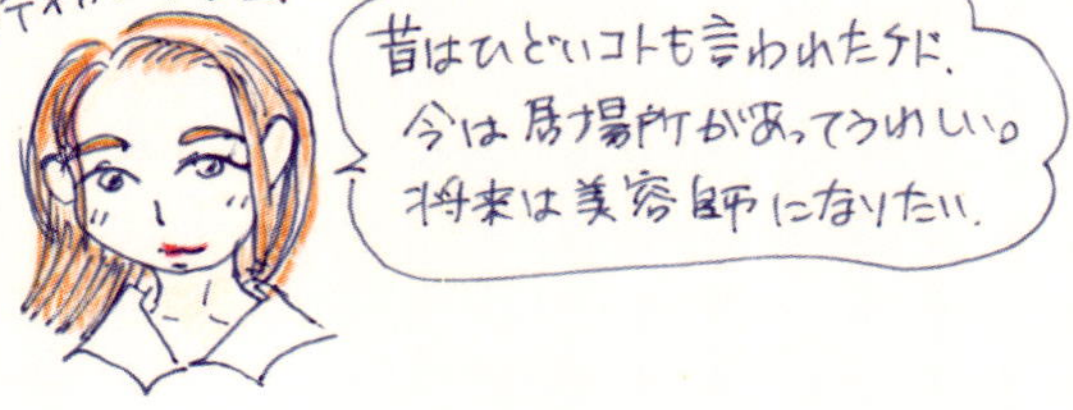

昔はひどいコトも言われたケド、今は居場所があってうれしい。将来は美容師になりたい。

母ゾウ
ぞうさん
なんか→
人っぽい
意外と毛深くて
毛がぴんぴんしていた。
子ぞうさん
←草なら何でも
食べるらしい。
(というか草しか食べない)
ゾウは観光客のために
飼ってます。
親子2頭。
いつもゴキゲンです。
首長

そりゃ、ハチも止まる。

エイズと共に生きる。 プラバートナムプ（寺院）

150人以上のエイズ患者を収容する

エスさん。（年齢、性別＝？）

自らもエイズ患者であり、

ボランティアで案内や手伝いをしている。

ここに来るまではツライコトもあったけど、
来てからは皆で一緒に、僧侶の教えや
厚意のもとで生きられるようになれて、穏やかになった。

30バーツでした。

ティファニーというショー施設に勤めるコトが目標のコも…

いつかティファニーのダンサーとして自立したい。
母は応援してくれているの。
女のコの姿ではいたけど、手術は怖いな。
制服はビシッとしていて、好き。

寮に住む学生 デューイ(18)

坂本九氏の「上を向いて歩こう」ヒット。
中国人が日本食として
1963年〜 やって来た

スキーが好き

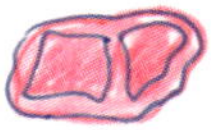

牛肉(豚も)

ごまだれ
(パクチー入り)

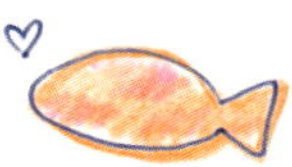

魚の形の練り物が
かわいかった…。

スキヤキとしてやって来たのが、見た目しゃぶしゃぶの料理…。

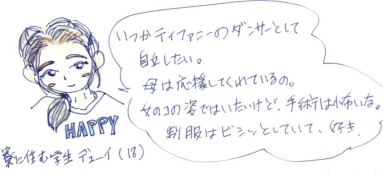

プロデューサーメモ

NHKエンタープライズ　エグゼクティブプロデューサー
河瀬大作

壇蜜さんはとても勤勉な人だと思います。ロケバスで移動中、寝落ちしているスタッフを尻目に、現地のことを少しでも知りたいと、コーディネーターから国の言葉や歴史を教えてもらったりしています。週刊誌やブログなど、たくさんの連載を抱えている壇蜜さん。暇があると、タブレットを取り出し、原稿を書いたりしています。さらにタイに行った時には、巻末に収録されている、カラー絵日記を書いたりしていたので、ちょっとした空き時間があると、そのたびにスケッチをしていました。

自称・お洗濯マニアだという壇蜜さん。海外ロケの時には、簡易洗濯板（？）を持参し、ホテルの部屋でじゃぶじゃぶしているようです。一度、加湿器を届けようと、部屋を訪ねたことがあるのですが、部屋中に洗濯物がところ狭しと干してあり、壇蜜さんは全く意に介さない様子でしたが、さすがに僕の方が気恥ずかしくなり、そそくさと退散しました。

死とエロスの旅を終えて

足かけ六年という歳月をかけて死とエロスの旅を終えた。

ネパール、メキシコ、タイ。ヒンドゥー教、キリスト教、仏教という宗教的背景も異なる三か国で共通していたのは、生と死の近さだった。日本では死が遠く、ぼんやりしている。幸せが複雑化しすぎて生の正解が分からず、人々は選択に悩み、迷い、隣人との微差を比べて一喜一憂する。言い換えれば日本人である自分の生と死がとても離れていることを、あらためて認識する旅でもあった。

死に対する思いは日本では育みにくい。死はタブーでは決してないのだが、目の当たりにしなければ考えないというのは仕方がないことなのかもしれない。日本は便利になりすぎて、死を遠ざけるための逃避アイテムが多いのだ。今の日本人の自死率をみれば、生きづらさを感じている人が多いのは確かなことなのに……。

脳死、尊厳死、安楽死についても、少なくともどういうものかは知っておく必要があるだろう。論点を知れば、自分の賛否がくっきり見えてくる。議論はずっとしていくべきものだが、その上で、それぞれの選択を責めてはいけないというルールが必要なのではないだろうか。個人的には、延命によって生かされる時間は残される人たちの納得する時間でもあるため、邪険にできないと思っている。誰にも「生きちゃいけない」という権利はないはずだ。できることなら尊厳死や安楽死といったものは、よっぽどのことがない限りは発動してほしくない。

この旅を通じて自分の死生観が根本的に大きく変わったとは思わない。やはり死は絶対納得できないという自分がいて、訪れた国の人々のように死ぬことを恐れないで受け入れることはできていない。この時間が永遠に続くわけではないのは理解しているが、認められない何かがあるのだ。だからもう死を受け入れようと無理はしないことにした。変わらず、お墓参りや神棚に祈るといった死んだ人に対する敬いを忘れないこと、それが私にとっての一番大事な死生観だと思うのだ。

昔、人は二度死ぬと教えられたことがある。一度目が肉体の死で二度目が忘れられるという精神の死。私自身、ある人の二度目の死を手放すのがつらくできないでいた。

ただ、旅を終えた今、忘れることもひとつの手段。前を向ける可能性があるならば手放してもいいかもしれないと思える自分もいた。

死を見つめたことで、生と向き合う時、タイで出会った徳を積むという言葉が心に残る。何が徳を積むことなのかを考えることは、生きるとは何だろうと考えることにもつながる。この先、徳を積むことにもっと前向きに取り組めるようになったなら、いろんな人を手助けする仕事にシフトできればと考えるようになった。徳を積む濃度は一人ひとり違っていいはずだ。それを比較したいとは思わない。黙々と徳をためることは自分の性に合っている。

生と死は遠い――。

それは旅する前の私も同じで、死は想像もつかないものだった。それを近づけるために私はあちこち旅をしたのかもしれない。死に向き合う現場を見ることで、すごく離れていた死が少しずつ歩み寄ってくる感触があった。近づいてきた死は、これ以上は遠く離れない気がする。これからも、生と死の境目みたいなものにもうちょっと触れていきたい。死とエロスを巡る旅は、そう思わせてくれる時間だった。

おわりに

「死とエロスはどこの国にもありますから、どこへでも行けますね」ミ
そんな話を打ち合わせ時にしていたのは、ミシリーズ最初の目的地、
ネパールへ行く前のことだった。誰もが死をむかえ、誰もが性に対する
何らかの考えや欲を持ち生きている。だから、このテーマの究明を目的
とすれば、世界各国へ行く「理由」となるだろうミ私もマネージャーも
プロデューサーも、一回限りの紀行番組になりませんようにと願いつつ、
理由ができたことに期待をしていた。

それから色々あったけれど、今後もどこかに行けそう
なムードはゼロではなさそうだ。どんなことをするのにもお金は
かかるので、「旅をするのにふさわしき人物である」と思わせられる様
これからも私生活は地味で、人あたり良く、連載もいくつか持つ
者として粛々と仕事をしたいものだ。

出かけるまでの仕度は難儀（ペットシッターとか、事前提出する連載とか）だが、現地へ行くと現地が織りなす「ここでの日常」に飛び込み、時にカルチャーショックを受け、時に同化できた喜びをかみしめられた。仕事として行く旅行でなければ、ここまで真面目に旅先と向き合うことはないだろう。休むことも好きだが、実は記録や手記のオーダーを受け、自分なりに書きとめておくことも好きだ。仕事の旅行では、遂行すべきミッションも多いので、「旅甲斐」があるのだ。今回手記重視だったのはタイのみだが、これからもマイノート片手に仕事の旅ができたらありがたい。私が旅をする資格があるかどうかを見極めるのは、この本を読んでくれた読者の方々だと思う。どうか、ひとつよろしく。また私が旅ロケに出ていたら、「あ、評価良しだったか」と感じてほしい。

ありがとう。

Honey
xxx

【NHK番組制作スタッフ】

〈壇蜜　死とエロスの旅　ネパール〉２０１４年12月29日放送

出　演　壇蜜
ナレーション　山崎岳彦
ヘアメイク　カツヒロ
撮　影　折笠貴
音　声　濱野実
デザイン　今雪ゆり
ＣＧ制作　岩崎敦
音響効果　中嶋泰成
編　集　渡辺信行
デスク　菅原美千子

コーディネーター　堀池尚哉
リサーチャー　パラカス・アマティア
ディレクター　亀川芳樹
制作統括　河瀬大作
　湯澤克彦
制　作　ＮＨＫエデュケーショナル
製作・著作　ＮＨＫ

〈壇蜜　死とエロスの旅　マヤ・アステカ〉２０１５年12月29日放送

出　演　壇蜜
ナレーション　山崎岳彦
ヘアメイク　カツヒロ
撮　影　樋口辰男

音　声　柳原弟丞
高梨智史
コーディネーター　喜代田質吉
日本語スタッフ　鈴木多依子
音響効果　井田英司
編　集　大川義弘
取　材　池田一葵
デスク　菅原美千子
ディレクター　東考育
プロデューサー　竹村香
制作統括　河瀬大作
田島徹
制　作　ＮＨＫエデュケーショナル
制作協力　テレビマンユニオン
製作・著作　ＮＨＫ

〈壇蜜　生と死の坩堝　タイ〉２０１９年1月19日放送

出　演　　壇蜜
ナレーション　　山崎岳彦
ヘアメイク　　カツヒロ
撮　影　　高橋秀典
音　声　　井澤賢博
デザイン　　今雪ゆり
イラスト　　谷村友
ＣＧ制作　　岩崎敦
コーディネーター　　片山よしお
音響効果　　井田英司
編　集　　中谷江志

取　材　佐藤寛朗
デスク　松村由紀江
ディレクター　中村裕
プロデューサー　伊豆田知子
制作統括　河瀬大作
嘉悦登
制　作　ＮＨＫエンタープライズ
制作協力　スローハンド
製作・著作　ＮＨＫ

本書は、P246～P250明記のNHKの番組をベースに
壇蜜氏を取材し、語り下ろしとしてまとめたものです。

● Shutterstock.com
P.100-101 dianeta8　P.101下 Kit Leong　P.104-105 Daniel Bouquets
P.105上 lunamarina　P.106 Noradoa　P.127上 123455543
● Getty Images
P.104上 Paul Nicklen
● iStock.com
P.127下 stockcam
上記以外の画像　NHK提供

参考文献

『カトマンドゥ盆地における生き神信仰—多宗教・多民族共存の象徴としての「ロイヤル・クマリ」—』山口しのぶ著（東洋思想文化3号）

『生き神クマリ信仰から見るネパール仏教』スダン・シャキャ著（龍谷大学アジア仏教文化研究センター　ワーキングペーパー）

『死の隠喩と死生観　—メキシコ・シティにおける「死者の日」を中心に—』佐原みどり著（国際開発研究フォーラム28）

葬儀：タイ　小泉康一「アジア諸民族の生活・文化誌」（現代アジア研究所編『ASIA 21』大東文化大学）

『タイにおける寺院の社会的活動と地域社会—仏教とソーシャルワーク研究予備調査ノート—』松薗（橋本）祐子著（淑徳大学社会福祉研究所総合福祉研究　№22）

ネパール政府観光局（https://www.welcomenepal.com/）

駐日ネパール大使館（https://jp.nepalembassy.gov.np/ja/）

メキシコの公式観光ガイド（https://www.visitmexico.com/ja/）

タイ国政府　観光庁公式サイト（https://www.thailandtravel.or.jp/about/outline/）

The Kingdom of Thailand ～ゆるやかな思考、社会、暮らし～（タイ国政府観光庁）

外務省ホームページ

カバーデザイン・本文レイアウト　今井秀之
構成・文　松岡理恵
校正　鷗来堂
壇蜜さん近影撮影　chihiro.
壇蜜さんスタイリング　有限会社ルプル
画像検索協力　中嶋美保
校正協力　増子信一
編集協力　「壇蜜　死とエロスの旅　ネパール」
「壇蜜　死とエロスの旅　マヤ・アステカ」
「壇蜜　生と死の坩堝　タイ」
制作班

© chihiro.

壇蜜（だんみつ）

本名　齋藤支靜加。1980年秋田県生まれ。東京都出身。昭和女子大学卒業。和菓子工場、銀座のクラブ、大学病院など様々な職場を経験した後、2010年にグラビアアイドルとしてデビュー。女優として多数のテレビや映画に出演し、13年、映画『甘い鞭』で日本アカデミー賞新人俳優賞を受賞。著書に『壇蜜日記』『噂は噂　壇蜜日記４』『壇蜜ダイアリー』（すべて文藝春秋）『たべたいの』（新潮新書）『どうしよう』（マガジンハウス）『壇蜜歳時記』（大和書房）『男と女の理不尽な愉しみ』（集英社新書）などがある。日本舞踊師範、遺体衛生保全士の資格、調理師、大型自動二輪の免許所持者。

死《し》とエロスの旅《たび》

2019年 6月10日 第1刷発行

著 者 壇蜜《だんみつ》

発行者 茨木政彦

発行所 株式会社集英社

〒101-8050 東京都千代田区一ツ橋2-5-10

電話 編集部 03-3230-6143

読者係 03-3230-6080

販売部 03-3230-6393（書店専用）

印刷所 大日本印刷株式会社

製本所 株式会社ブックアート

定価はカバーに表示してあります。本書の一部あるいは全部を無断で複写・複製することは、法律で認められた場合を除き、著作権の侵害となります。また、業者など、読者本人以外による本書のデジタル化は、いかなる場合でも一切認められませんのでご注意ください。造本には十分注意しておりますが、乱丁・落丁（本のページ順序の間違いや抜け落ち）の場合はお取り替えいたします。購入された書店名を明記して小社読者係宛にお送りください。送料は小社負担でお取り替えいたします。但し、古書店で購入したものについてはお取り替えできません。

©Dan Mitsu 2019, Printed in Japan

ISBN978-4-08-788014-4 C0026